敬献 读者

维趣文化

营销先从“自己”开始

生活就是诗

进入社会的30堂营销课

The Best Lessons of Marketing

师瑞德、（日）流川美加 著

江西科学技术出版社

出版策划：北京维趣文化
http://weibo.com/whichclub

营销到底是什么？

什么是营销?

根据全球最大的中文经管百科《MBA智库百科》的解释：“营销是关于企业如何发现、创造和交付价值以满足一定目标市场的需求，同时获取利润的学科。营销学可用来辨识未被满足的需要，定义、量度目标市场的规模和利润潜力，找到最适合企业进入的市场细分和适合该细分的市场供给品。”

真正意义上的营销，即市场营销（Marketing）。在某种意义上来说，谈论市场营销应该为公司做些什么，就是在谈论公司该持有什么样的最终目标和战略目的。

营销让你立于不败之地

从公司角度来讲，市场营销的职能就是保证客户和消费者成为企业的中心环节。其另一职能便是指导企业决策。然而围绕市场营销的一个永恒困惑就是：它总是不遗余力地强调公司战略方向的重要性，而实际上并没有那么大权力，所以实际情况中市场营销部门总是处于和公司其他部门的争吵中，力图证明自己有独特东西贡献给公司。

那么这种东西到底是什么呢？从实践角度来看，我们可以说：市场营销确保企业的竞争优势，并使企业永远立于不败之地。企业的决策正确与否是成败的关键。企业要谋得生存和发展，很重要的是做好经营决策。企业通过市场营销活动分析外部环境的现状和发展趋势，结合自身的资源条件，指导企业在产品定价、分销、促销和服务等方面做出相应的科学的决策。综上所述，市场营销对企业的贡献应在于：

1. 确定客户和消费者的需求。
2. 为企业的产品和服务确立不同于竞争者的独特市场定位。

3．通过持续不懈地推广产品，使广大客户和消费者不但知道企业的产品和服务的存在，还知道它的特点。

4．确保销售渠道畅通无阻。

5．有利于企业处理好各方面的关系。

6．打破关于外部环境因素完全不可控制的传统观念。

总之，从微观角度来看，市场营销是连接社会需求与企业反应的中间环节，是企业用来把消费者需求和市场机会变成有利可图公司机会的一种有效方法，也是企业战胜竞争对手的重要方法。

启动个人营销的按钮

因此企业要靠营销，才能安身立命、长治久安，商品要靠营销，才能抢购一空、业绩长红。那么个人呢?

其实个人又何尝不需要营销呢!

出了校门、进入职场要找工作，递履历写自传，就是自我营销；如果你工作认真，同事、上司给你的评语很好，让你有机会升职、加薪，这就是靠口碑营销；你利用跟老板开会、接触的时候，展现自己最好的一面，这就是置入性营销；当你到外面谈案子，做简报，开发客户你就要运用到营销学中的SWOT分析法，明辨市场上同质竞争者与自己的战力消长，以及该如何发挥优势、出奇制胜……

当然还有更多精彩的营销运用方法，我们都将在《进入社会的30堂营销课》中陆续公开!

总之，在各种营销活动热络，全民谈营销的年代，你，只要想做得出色，做得厉害，做得精彩绝伦，做得无可取代，做得让人由衷佩服拍手叫好，做得大家对你俯首称臣赞叹不已，就一定得学好这30堂课呢!

師瑞德

营销，让你美梦成真

如果你问我：21世纪什么最值钱？我的回答会是："人才！"

因为在从早期的"人力成本"转向"人力资本"的现在，不论企业或个人其实都面临了严峻的挑战，那就是我们必须将工作重点从解决人力的问题跨越到解决人才的问题。也就是说，以前只是"人"或是"量"的竞争，而现在变成了"人才"的竞争。

因此，不管你是身在职场中，或是日常生活，如何让自己变成"人才"，便是在这多元竞争的社会中，最需要被重视、迫切处理的核心问题。

全员营销的时代来临

随着经济体制的改革，市场经济的效益突显，人民生活水平也逐渐提高，但随之却带来更残酷、更激烈的市场竞争，所以时下很多企业才会都提倡"全员营销"的理念。目的就是要增加企业竞争能力，扩大企业市场占有率，为企业谋取更多的利益，以便在现在的经济体制下取得长足卓越的发展。

而所谓的"全员营销"，就是一种以市场为中心，整合企业资源和科学管理的理念。

企业对产品、价格、渠道、促销（4P）和需求、成本、便利、服务（4C）等营销手段和因素进行有机组合，达到营销手段的整合性，实行整合营销。同时全体员工以市场和营销部门为核心，研发、生产、财务、行政、物流等各部门统一以市场为中心，以顾客为导向开展工作，实现营销主体的整合性。

加上各部门都关注和支持企业的整个营销活动的分析、规划、指挥、协调和控制流程，尽量为顾客创造最大的价值，使顾客满意度最大化，从而使公司获得强大的市场竞争能力，不断向前发展。很多大型企业采用这样的营销理念后，都取得不凡的成效。

由此可见，营销在企业的发展中扮演着举足轻重的决定性角色。那么对于从事一般工作的人，究竟要不要学会并运用营销的一切呢？

答案当然是肯定的！而且不但要，还要四面八方都考虑到！

想成功，你就要成营销高手

当然不管是企业或个人要搞营销，我们都得先熟悉一下市场营销中的基本理论和概念：营销是连接企业功能和社会需要的一条重要的脐带。

许多学者从不同角度解释了什么是营销，但影响范围最广泛，最具权威性的便是由营销大师科特勒在《营销管理》中所作的定义："营销是个人和集体通过创造提供出售，并自由地和别人交换产品价值，以获得其所需、所欲之物的一种社会和管理过程。"

因此，简单地说，营销，就是指你在销售一个新产品（企业或个人皆同，企业销售的是商品或服务，而个人则是要销售专业能力）前，先通过一定的途径影响人们的观念与作为，使人们对你所销售的东西在头脑中形成一个明确的概念，然后市场才能开发。

因此，形成营销的概念，是每个人在职场起步时，首先要面对的第一个问题。你所生产或经营的产品，必须通过一定的手段与途径让人们认知到它的优点、了解到它会给人们生活带来多大的好处时，他们才有可能购买你的产品或服务，如此，你才会有利润可赚。所以，大凡职场上晋升较快或业绩快涨的人都可说是营销高手。

细心分析一下这些成功人士的发迹历程，你就会发现营销是帮助他们取得成功的非常重要环节！这本《进入社会的30堂营销课》便是专门写给对营销懵懂的朋友们阅读，不论你是职场上的新兵或老将，本书都能为你提供营销致胜的方法及明确的方向。相信只要运用得当，那么你也可以通过自己手中的好项目、好产品，打开一片市场，从而赚取更多的利润，让你美梦成真！

流川美加

目 录

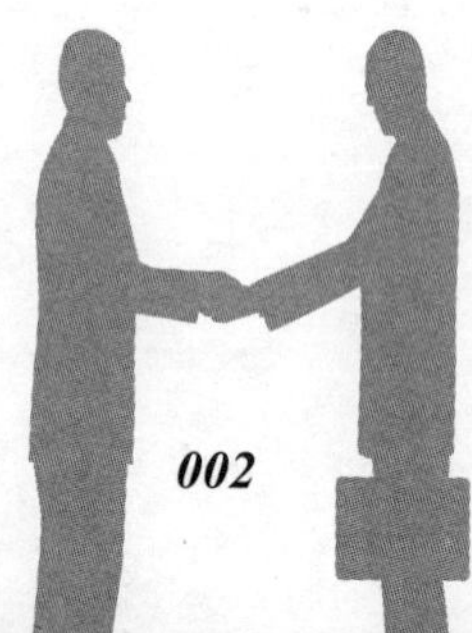

01 LESSON 赶紧换上一颗会营销的脑袋吧

过去，人们一直认为“营销”只是专门从事市场开发和产品销售的从业人员才需要掌握的，但是，随着时代的演进与自我意识的抬头，不管任何人，都应该换上一颗会营销的脑袋，采取富营销的行动，才能在各方面，达成自己默认的目标。

课堂学习重点

1. 什么是营销？
2. 营销的过程与环结是什么？
3. 营销要完成什么任务？
4. 什么样的情形下，营销才算成功？
5. 对营销容易产生哪些错误认知？

营销是关于如何发现、创造和交付价值，以满足一定目标市场的需求，同时获取利润的学科。学会营销，运用营销，我们才知道如何辨识未被满足的需要，定义、量度目标市场的规模和利润潜力，找到最适合进入的市场和适合的市场供给品。

结合多种学科的营销学

营销学很难吗？其实一点也不，根据学理的说法，营销学植根于几门基础学科，包括经济学、心理学、社会学、组织科学和决策科学等，随着这些学科的进展而不断发展，营销学最终会演化成一门需求管理学科，包括更加全面的关于需求驱动和需求优化的理论，其实说穿了，就是一门满足消费者需求的学问。

因此人们逐渐意识到，营销活动应该以购买者为中心，凡事考虑他们的需求。为了理解购买者，营销人员就必须研究组织行为学，必须运用有关人口统计学、心理学、文化和社会的影响来理解客户的需要、认知、偏好和行为，以找到更有效的营销战略。

营销任务的三种层次

那么“营销”的任务是什么呢？

关于这个问题，至少有三种回答。

首先，就最广泛的概念来说，“营销”的任务是负责把企业的产品销售给任何人。其次，也有人认为“营销”应以满足目标市场未被满足的需要为任务。最后一种答案则具有哲学上的意义，有些人认为“营销”的任务是在世界范围内提高物质生活的标准和质量。

就个人的观点来看，学习与运用营销，就是要把自己的商品、理念通过各个渠道传输出去，并且使别人接受的学问与技巧；就初阶段来看，可以理解为销售人员为了销售商品，或者个人想要达成找工作、做朋友等等目的。

充满变数的营销组合

知道任务之后，接下来要知道该通过哪些工具的组合，才能达到目标！这就是我们接下来要谈的"营销组合"。

所谓营销组合是指为了在市场制造想要的反应，而混合采用的一组可控制的战术营销手段。

营销组合包括为影响对其产品的需求而做的任何事情，大致可分为四组变量，一般被称为四个P，即产品（Product）、价格（Price）、渠道（Place）和促销（Promotion）。

产品：是指企业向目标市场提供的商品和服务的结合体。

价格：是指顾客为获得产品而必须支付的金额。

渠道：包括企业为使产品到达目标消费者手中而进行的活动。

促销：是指传递产品优点并说服目标顾客购买该产品的活动。

一个有效的营销方案应把所有的营销组合融入一个协调的计划之中，这计划藉由向消费者提供价值，来实现市场营销目标。如果你希望能在目标市场内，成功实现符合目标市场的营销组合，并将它付诸实施，这就得仰赖充分的分析、计划、实施及控制等。

对市场营销职能的管理，始于对企业或个人情况的全面分析。首先你必须分析市场营销环境，以找到有吸引力的机会，和避开环境中的威胁因素。

营销计划是指对有助于企业或个人实现战略总目标的营销战略做出决策。每一类业务、产品或品牌都需要一个详细的营销计划。产品或品牌计划应包括以下几个部分：计划实施概要，市场营销现状，威胁和机会，目标和问题，市场营销和战略，行动方案，预算和控制。

掌握营销的过程才算成功

在营销过程中，锁定并满足目标消费者所在的市场，是再重要不过的任务了。为了能够正确地识别市场，建议负责营销工作的人，要把大市场划分为较小的细分市场，选择最有开发价值的市场，并集中力量满足和服务。

而满足和服务市场的设计过程，由其控制的四大要素：产品、价格、渠道和促销所组成的市场营销组合决定。为找到和实施最好的营销组合，企业便要进行市场营销分析、计划、实施和控制。通过这些活动，企业观察并应变于市场营销环境。

简单地说，营销的主要过程有：（1）机会的辨识（2）新产品开发（3）对客户的吸引（4）保留客户，培养忠诚（5）订单执行。

遵循这些过程之后，再按照一些固定的原则，例如：

● 在制订营销战略时对消费者、竞争者和分销商中心地位的尊重。

● 对每一个市场进行细分，根据自己的实力和目标选择前景最好的细分市场。

● 对于每一个目标市场选择市场细分，研究客户的需要、认知、偏好和购买过程。

● 藉由认真定义、创造和交付更好的价值，在目标市场赢得优势。

这些流程、原则如果都能够处理得好的话，营销通常都是成功的，但如果哪个环节出了问题的话，营销就有失败的危机。

营销绝对不能只局限在销售

营销，已经是个非常普遍，为人熟知的知识、技巧，然而在某些企业界和公众的意识中，营销依旧被极大地误解了。某些企业错误地认为营销存在的目的在于支持生产，消除企业的存货。但事实却恰恰相反，生产存在的目的应该是为了销售才对。

毕竟企业可以将生产外包，造就一个企业的应该是营销的思维和实践，生产、采购、研发、融资以及其他所有职能都是为了支持企业在营销上的工作。

营销还经常被拿来和销售相混淆，但销售只是营销的冰山一角。

在销售之外，营销还包括了广泛的营销调研、相应产品的研发、产品定价、分销渠道的开辟拓展以及使市场了解这种产品。与销售相比，营销是范围更广且更具综合性的过程。有时，营销和销售几乎有着相反的意味，因此难以销售的营销就是一个自相矛盾的说法。

此外，营销也不只是找到一个精明的办法处理掉制造的产品，而是要创造真正客户价值的艺术，营销正是一门为客户谋福利的艺术。所有的营销人员都应该谨记“质量、服务、价值”的六字格言。

因为，只有当营销人员手中拥有产品时，销售商品才会开始，而营销活动却是早在产品出现之前就已经开始了。营销是企业必须进行的日常活动，用以发现客户的需要和公司应该生产的产品。营销还决定了如何启动、定价、分销和促销产品和服务，并在之后不断监控市场上的变化，对产品和服务做出相应的改进，最终甚至也决定何时该终止提供产品和服务。

总之，营销不仅仅是短期的销售行为，更是一种长期的投资行为。

新旧企业营销观念的区别

区别点	现代营销观念	传统营销观念
营销导向	市场需求	现有产品
营销重点	以顾客为重	以自我为重
获利方法	满足顾客需求	扩大产品销售
营销手段	整体营销	推销、促销

| 营销VS职场 |

真正的营销人拥有不可被取代的能力

通过以下的小故事，我们能够进一步了解学习“营销”的重要性！

有三位贩卖鞋子的营销人员被派到一个未开发的小岛上，岛上居民几乎没有穿鞋的习惯，考察之后，三人分别撰写了市场考察报告：

甲说：居民不穿鞋，此岛无市场，我即返回。

乙说：居民不穿鞋，此岛市场大，长驻开发也许有机会。

丙说：居民不穿鞋，原因是居民大多罹患脚疾；但此岛市场庞大，预期每年可卖2万双；前期开发需投入1.5万美元，收益率约15%；不过，部落首领阻力大，需要通过营销手法多做沟通。

毫不意外的，当然是丙营销员最有资格被称为懂得营销的技巧，这种资质的人，才有可能在竞争激烈的社会环境中胜出。推销商品，跟推销自己其实同理可证，有许多道理是相通的，懂得营销的人，在组织的发展中，自然也能培养不可被取代的能力。

课后重点整理

| 务必换上营销脑袋的原因 |

为什么不管是否从事营销工作，都必须懂得营销呢？因为我们每个人在有意无意间，都会运用到营销技巧在谋求自己的生涯发展。比方说，求职时，你必须懂得营销自己，才能说服老板雇用你；在追求一段感情的时候，不也是展现自己的优点，以便让原先对你陌生、冷淡的另一方发现，原来你有诸多优点吗？

因此，我们务必得换上会营销的脑袋，首先是因为，如此才能够懂得销售和生产的规律。营销就是从“产品”产出后，经过“渠道”销售到“消费者”或“客户”的完整过程。只要你有办法持续的完成这些步骤，你就是营销专家。完成的方式相当多元，但都是符合市场的规律之下运作。

市场营销就可以叫你懂得销售和生产的规律。

其次，你可以知道自己的位置以及前进的方向。

营销是商品的设计、生产、包装、分销、定价、渠道到最终消费者手里的所有一切过程活动。当你了解这个过程系统后，你才会很清楚自己正处在哪个阶段，以及要往哪些方向迈进。

02 LESSON 自我营销的预习作业

很明显，从短缺时代到过剩时代，哪个企业注重营销，哪个企业就会在重重包围中杀出血路，脱颖而出。

同样的，我们每个人，在熙熙攘攘的职业生涯道路上，要想在芸芸众生中走出条自己的路，那就需要好好经营自己，运筹帷幄。

课堂学习重点

1. 自我营销的重要性？
2. 自我营销可能会遇到哪些困难？
3. 自我营销要掌握哪些原则？
4. 自我营销与自我品牌设定之间的关联？

营销素质是否与生俱来，我们不敢妄下定论，但是当我们回顾许多伟大成功者的人生历程时会发现：每一名成功者都可以说是营销大师，无论他们从事何种工作，无论他们的生命起点是如何低，出色的营销才能最后都能帮助他们的事业发展腾飞。

作为受过生活残酷磨炼的人，对如何从零起步、成长为一名优秀营销人员必定有着深刻的理解。他相信每一个人天生都有做营销的潜质，每一个人都可以成为一名优秀的营销人，而我们所要做的最重要的工作就是发现自己的营销潜质，然后激发它、发挥它。

好名声让你走遍天下

营销人，就是一群以业绩论英雄，每日背负着数字和指针的人。他们被公认是世界上最积极上进的军团，因此非常需要激情、创意和永远年轻的心。

身为营销人每天都要营销企业的产品，但你可曾想过，即使不是营销人，也是需要有效地做好自我营销？

好比营销人员在营销产品一样，其实你的名字就是品牌商标、你本身就是产品，自我营销就是要将自己视为一个产品经营，因此也要有很强的自我推销能力，善于在不同的场合、人群进行自我推销。

一般我们可以通过撰文、个人网站、人脉转介、演讲等方式进行自我促销，以扩大自己的影响面，推动个人品牌的发展，也就是灵活运用“推”、“拉”等方式进行自我促销宣传，便能扩大自己的知名度。

未来的社会，品牌必定是个人竞争的法宝。对于任何一个想在职场上有所作为、保持领先的人，就必须要完成个人品牌的转变，到那时，你便可以自豪地说：我可以失去一切，哪怕在一夜之间我的一切都化为灰烬，只要我的人还在，我就什么也没失去！因此，如果你想成功的经营自己，请试着给自己贴上商标，把自己推销出去，只要经营好“个人品牌”，相信成功会离你越来越近。

永不放弃自我营销

不论身处什么样的境况，也不论遇到多少次挫折，对于拥有良好素质的人来说，他们始终相信的是：**没有失败，只有暂时停止成功。**

营销大师的成功固然离不开天时地利，离不开时代赋予的种种机遇，但在他们的生命中，还是有某些素质是与生俱来的，那就是作为一名优秀营销人要具备的“自我认知”、“自我激励”、“自我判断”、“自我学习”四大优秀素质。正是这四大素质使得他们在历经艰难挫折之后，最终成就辉煌事业。

1．自我认知有助于正确表态

对于一名追求成功的人来说，无论你现在处于什么状态，无论你现在从事什么行业，只要你能深刻地认知自己，明白自己的长处与短处，你就有获得成功的可能。

然而认知自己是困难的，但是如果能够正确而深刻地认知自己，无疑是一种出色的能力，许多出色营销人共同拥有的素质之一就是：他们都清晰地知道自己优势何在、自己能做什么、自己要往什么方向去。

2．适时激励有助于渡过难关

对营销人员来说，激励力很多时候是一种比口才更重要的素质：口才不好可能只会让你丢掉某个客户，但不懂得如何激励自己则会让自己的营销生涯提前终结。

激励力可说是自信心与意志力的综合体。身为营销人，最常遇到不会是客户的笑脸与鲜花，而是无穷无尽的压力与挑战，所以，对于追求成功的营销人来说，拥有强大的自我激励力是重要的。在营销生涯中，压力与挫折是磨炼意志的垫脚石，激励力则是协助营销人攀上成功顶峰的助推剂。

3．正确判断有助于找到市场

至于出色的判断能力对营销人员来说往往是成功的起步，判断能力来自于直觉与经验的混合。如果说直觉是源自于个人主观的感受，那么经验就是不断学习与磨炼的结果。任何一名成功的营销人，都必然是经过长时间的磨炼，才练就出准确的商业与社会判断力。

4．随时学习有助于跟上时代

时代不断在变化，客户也不断地成长。在这个倍速发展的时代，除了变化，没有什么东西是不变的，而学习则是让营销人了解外部世界、跟上客户步伐的最有效途径。

学习不一定能成功，但成功者必然是擅长学习者。对优秀营销人来说，学习力是指：能够快速地汲取最新知识，了解社会发展趋势；能够将学习到的知识与实际工作进行结合，做到理论与实践相融合。

常见的自我营销手法

得到“营销大师”的荣誉，可说是每个营销人都梦寐以求的神圣目标，不管是真是假，但如果想成为众人认可的营销大师，还是需要一点真功夫，需要进行一番自我营销的；如果营销大师连自己都营销不好，不能成为营销界的明星，那还有谁敢追随敢崇拜呢！你也想成为出名的营销大师吗？以下自我营销的步骤一定要学会：

方法	解说
成功的实战案例	要想成为营销大师，必须先从基层做起，先有成功、不俗的成绩，说服力才够。
发表文章	在媒体开始发表文章，通过案例或者自己独特营销概念的叙述，来展示个人品牌魅力。
搞好媒体关系	为了扩大自己的影响，可以考虑多接受一些营销行业媒体的专访，藉由媒体来更多的展示自己。
建立自己的营销理论体系	这是营销大师的差异化营销策略，首先要有自己一套独特的营销理论，独特的营销观点或者独特的营销咨询模式。
出书立传	把自己的理论体系与营销案例整理，然后和出版社合作出书发表。
各地巡讲	传播自己的营销理论、营销观点，对粉丝进行传经颂道。

| 营销VS职场 |

做一个又会办事又会说话的人

时下年轻人总会为了自己的默默无闻而感到苦恼。你是不是也有这样的困扰：

跟朋友们在一起的时候，我总是只做倾听者，怕自己说不好，惹人笑，所以从来不敢说话。朋友们都说我“低调”，其实我不是真的低调。

跟其他人在一起，我总是被冷落的那个，无论是陌生朋友还是熟悉的朋友都一样。明明自己有些才华，但是如果我不说的话，根本没人知道。

还有，当我被别人欺负或者嘲笑了，我也不知道该怎么应对，一般都是保持沉默，不敢表现出生气或愤怒，害怕影响彼此的关系。我不知道该怎么表现自己，让自己焕发出本来就有的光彩。如果你是这样，那么建议你——每个人其实都应该适当地表现自己，这会让你充满信心和力量，这种力量又会促进我们更加的完善自己，年轻人不仅仅要表现出自己的才能，让众人知道，更需要有目的地宣传自己。

如果套用在职场上，职员能否得到提升，很大程度不在于是否努力，而在于老板对你的赏识程度。由此可见，得到他人的欣赏有时候比能力更重要，而你要得到他人的赏识，就必须先给他人一个赏识你的理由。那么，如何做到有目的的自我宣传呢？自我宣传，首重在对自己能力的肯定。任何时候，都要视自己为主角，在任何时间、任何地点，都要告诉自己“我是最风光的，没有人可以抢走我的风头”，这样不断地暗示自己，为自己加油助威。

课后重点整理

| 个人品牌的形成 |

讲到自我营销，就不能不谈谈个人品牌的形成。

所谓“个人品牌”是指你的外在形象和内在素质所构成的一种特质，也是你名字的载体与灵魂。

由于每个人的学识和经历存在差距，必然致使不同个性的存在，作为一个营销人，认清自己和找到定位是一个关乎职业生涯能否成功的重要关键，首先你要清楚自己是否适合做这一行？自己有什么优势？自己的缺点在那里？如何去修正和完善？将这些问题罗列在一张白纸上，仔细分析判断与思考。如果找不到自己的定位，工作又牢骚满腹的人在职场上终究会黯然无光。

备忘录
Memo

03 LESSON 想做好营销就要会思考

做营销要会思考，才能在复杂的市场中，找到最适合的道路，正常来说，人生出来便懂得思考。不过，虽有思考能力，但并非人人都晓得如何进行独立思考。人云亦云，思路不清，都是由于缺乏独立思考。要发展和培养出个人的独立思考，关键即在掌握一套有效的思考方法。

课堂学习重点

1. 什么是思考？有哪些思考方法？
2. 该如何正确思考？
3. 改善思考的方式有哪些？
4. 什么是六顶思考帽？该怎样运用？
5. 成功的营销人，应该时常思考哪些问题？

什么是“思考”？

简单来说，就是对某一个或多个对象进行分析、综合、推理、判断等思维的活动。

大多数人把世间事看的那么习以为常，以至于他们丧失了与生俱来的思考能力，但对“营销人”来说，这可是犯了大忌！想要在复杂多变的社会生存下去，就得学会在不疑处有疑，思考事件背后的运行道理，而不是人云亦云，像机器人一样，被遥控过活。因为唯有培养正确的思考，才能知道自己的强项在哪里，别人需要什么，而两者之间的充分配合，最终便能达到自己的目的。

活用批判及创意思考做营销

营销上经常用到的思考方法，可约略分为批判思考及创意思考两大类。

良好的批判思考能力，能够帮助我们建立和评估，明白理念之间的逻辑关系，以及有系统地处理问题。

另外，基于思考和语言之间的密切关系，批判思考的改进，亦能增强语言表达和理解的能力。

相对于批判思考强调正确思考，创意思考则着眼于创新意念。

对于两者的分别，我们可以利用三个关键的问式来加以说明："XXX是什么意思？"、"XXX有什么根据？"、"就XXX而言，还有什么值得考虑的可能性？"要有效地进行思考，我们就要懂得适当使用上述的三个问式。

正确的思考必须清晰及合理，所以批判思考所着眼的是前两个问式。但正确的思考未必一定有创新的意念。要创新，我们就要考虑新的意念或处事方法，所以创意思考所着眼的是最后一个问式。

不管是在日常生活，还是在工作上，遇到难题要解决时，这两种思考就显得格外重要。因此，能够恰当地运用以上三个问式，可算是思考方法的关键。

这三个问式看似简单，但要灵活精确地应用却不容易。例如，要去判断一个营销理论是否有根据，便可能涉及复杂的逻辑或科学方法，这些思考方法的内容，我们可以这样划分：

（1）**意义分析**：思考方法的起点，其主要功能在于理清营销语言的意思。

（2）**演绎逻辑**：检查营销工作的推论是否正确，理论是否一致的法则。

（3）**科学方法**：有关获得经验知识的推理方法和原则。

（4）**决策思考**：如何作出合理的营销决策和道德判断。

（5）**谬误剖析**：分析错误的思考方式，加以分类。

（6）**创意策略**：如何灵活思考，增强创意。

改进思考方法的关键

良好的思考能力是一种技能。正如打网球一样，技能的改进必须依赖知识、态度及实践三方面的配合。

1．多元的知识

想要打一手好的网球，首先要知道网球的规例，思考方法也是一样，要对思考方法的法则有所了解，例如明白基本的逻辑推理，科学方法等。

2．行动的实践

打网球光靠理论和好的态度并不足够，出色的运动员除了依靠先天的条件外，亦要不断的训练和实践。要懂得恰当运用思考方法的法则，光靠听一、两个讲座或读几本书并不足够，我们必须长时间于日常生活中实践所学的知识、参与高素质的讨论和接触好的媒介读物。

3．正确的态度

态度除了是肯定改进思考的重要性以外，也包括良好的学习态度，帮助我们从讨论中发现自己的弱点，从而提升自己的能力。

有些人以为，批判思考便是绝不认错，四处批评。但采取这个态度，只怕不但不会令自己改进，反而更容易令自己没有朋友。要反省我们自己的态度是否恰当，可以看看你是否同意以下的句子：

- 别人与我意见不同的时候，我会没有耐性。
- 我通常不会承认我错了。
- 我作决定的时候，依赖直觉而非分析。
- 思考抽象的东西令我头痛。
- 遇到困难我很快就放弃。
- 我不喜欢阅读信息或分析性的刊物和电视节目。
- 我不关心不会影响到我的事情。

● 我不喜欢我的朋友批评我或比我聪明。

若上面有任何句子反映你的性格，你就要小心这可能会阻碍你思考能力的改进。

帮助全面思考的六顶思考帽

营销所涉及的领域与决策相当广泛。当千头万绪，不知从何着手之际，就要靠正确而有效的思考法，推动工作继续前进，而“六顶思考帽”便是相当不错，值得每个人学习的思考法。

“六顶帽思考法”是英国学者爱德华德波诺（Edward de Bono）博士开发的一种思维训练模式，或者说是一个全面思考问题的模型，总共有六种，所以常被称作“六顶思考帽”。它提供了“平行思维”的工具，避免将时间浪费在互相争执上。强调的是“能够成为什么”，而非“本身是什么”，是寻求一条向前发展的路，而不是争论谁对谁错。

运用波诺的六顶思考帽，将会使混乱的思考变得更清晰，使团体中无意义的争论变成集思广益的创造，使每个人变得富有创造性。

思考帽的理论原理

颜色	代表	涵义
白帽子	事实和信息	中性的事实与数据
黄帽子	与逻辑相符合的正面观点	识别事物积极因素的功能
黑帽子	警示与批判	发现事物消极因素的功能
红帽子	感觉、直觉和预感	形成观点和感觉的功能
绿帽子	创意	创造解决问题的方法和思路的功能
蓝帽子	控制着事物的整个过程	管理整个思维进程

思考帽的功能应用

在多数团队中，团队成员被迫接受团队既定的思维模式，限制了个人和团队的配合度，不能有效解决某些问题。但运用六顶思考帽模型，团队成员即不再局限于某单一思维模式，而且思考帽代表的是角色分类，是一种思考要求，而不是代表扮演者本人。

六顶思考帽代表的六种思维角色，几乎涵盖了思维的整个过程，既可以有效地支持个人的行为，也可以支持团体讨论中的互相激发。

简单地说，为了避免众人开会，或者自己沉思时，角度与面向太过狭隘，六顶思考帽建议的六个方向，发挥了启发你不同可能与结果的功能，当你带上某一种颜色的思考帽时，你的思考就必须全心全意地往那个方向，例如当你陈述优点的时候，你就不要"可是……"、"但是……"，这些负面的情绪与顾忌，请你等到戴上黑帽子的时候再提出来，唯有如此，你才能正确地解决问题，达到营销的目的。

因此，一个典型的六顶思考帽团队在实际中的应用步骤如下：

1．陈述问题事实（白帽）

2．提出如何解决问题的建议（绿帽）

3．评估建议的优缺点：列举优点（黄帽）；列举缺点（黑帽）

4．对各项选择方案进行直觉判断（红帽）

5．总结陈述，得出方案（蓝帽）

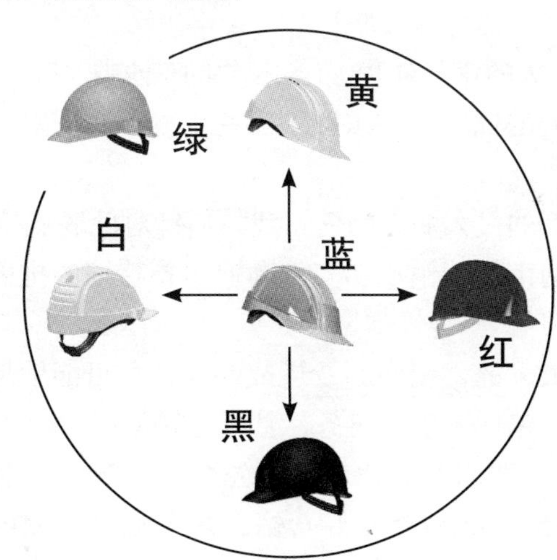

营销人应该经常思考的问题

市场是复杂的，但营销的主体，不管是你个人或者某一款商品的功能与特色却是有限的，如何“以有限化为无限”，就要看你能否通过思考，发挥不同的特色与吸引力，这就是思考的重点所在。那么，一位称职的营销人，应该经常思考哪些问题呢？以下是些许建议：

（1）是什么原因让我开始做营销（什么动机、事件等）？

（2）我的客户从何而来（我用了什么程序、方法及行动）？

（3）为什么客户会向我购买商品？

（4）我是否会测试营销及销售各种活动中的各个面相，以确定他们的最佳及最能获利结果？

（5）我的独特卖点（USP）是什么（为什么我的客户要向我买东西、我的产品与服务和其他的竞争对手相比，有何独特之处？在我的生意中，不同的产品与服务、各部门是否有一个以上的独特卖点）？

（6）在我的营销及业务中，我的独特卖点是否始终一致？如果是，又该如何保持？如果不是，原因为何？

（7）简单地描述我的市场营销计划或营销手法（所有使用到的营销工具，以及如何相互关联）。

（8）谁是我最大的竞争对手？他们提供的东西中，有什么是我所没有的？

（9）针对他们的优势，我采取了哪些手段以减弱对方的优势？此手段有用吗？

（10）竞争对手的最大弱点为何？我如何针对此弱点抢进？

（11）我最大的市场营销成功实例为何（指特别的推展计划、广告攻势及销售书信等）？

（12）我目前最大的营销问题及挑战为何？尽可能地坦白并完整回答这个问题，包括人事、财务，甚至在转型中的问题也包括在内。

只要正确回答上述问题，你就能领先至少95%的同业，而其中有不少可能就是你的竞争对手。专注做好营销，事实上将使你更简单地应用有关增加收入及成功的原则，并在更短的时间内获得更大的成功利润。

再提醒一次，如果你无法回答这些问题中的任一问题，请务必认真思考与反思，而你再回头时，可能就有不同的答案了。

|营销VS职场|

千万不要被过去的经验限制住

职场中有一种自以为“成功”的人士，他们待过不少企业，经过多年的打拼，积累了一些成功的管理、技术、生产、营销、培训、战略、商业模式等经验。但他们往往过分依赖过去的成功经验，或者说墨守成规，不容易与新生事物衔接，或者懒于研究新情况、分析新问题，结果就不能对症下药地解决问题。

这种人最缺乏的就是创新的能力与智慧，这可是最致命的弱点。

要知道，人生与工作没有预演，每天都有不同的状况，过往的经验固然重要，但最好把每件事情都视作独立的单一事件，保持思考的活泼，审时度势做出正确判断，到那个时候，才算真正拥有智慧，拥有阳光的职业生涯。

课后重点整理

|没有成功的思考，就没有成功的营销|

营销人不一定需要有多高的智商，或天生的能力才能获得巨大的成功和满足，拥有正确的思考方法才是生存、竞争和成功营销的关键。

全世界成功的政治家、企业家、管理者、科学家、营销家们都在用什么有力的工具分析问题、创新思路、做出决策、解决难题呢?

简单地说，除了“六顶思考帽”之外，还有“发散”、“水平”、“倒转”、“转换”、“图解”、“灵感”、“形象”、“模拟”等，这些都是全世界聪明的营销人在用的思考方法，通过生活上的灵活运用，任何营销人都能像聪明人一样思考，跳出传统思维模式的束缚，让你在面对繁杂的事务和困难时应对自如快速找出解决问题的突破口，迈向成功。

备忘录
Memo

04 LESSON 营销VS创意：营销创意的生成

创意是在营销与广告圈里谈得最多的话题，许许多多的营销人要想有所作为，就必须在创意上下工夫。其实，知道什么是好的创意并不难，但是如何得到产生好创意的方法就显得非常不容易了。因为这里面涉及到的因素非常多，比如说阅历、修养、经验、感觉、体会、积累、知识与技能等等，都应该成为产生创意的一种支持。

课堂学习重点

1. 什么是好创意？创意对营销人来说，为什么重要？
2. 训练创意的方法有哪些？
3. 当遇到创意瓶颈的时候，该怎样寻求突破？
4. 如何评量创意的好坏，创意的点线面为何？
5. 策划、创意与点子间的关系？

创意的目的非常简单，就是用最具表现力的手法，使消费者在接受广告信息时能加以注意，不至于在每天数以百计的广告干扰中石沉大海。

好的创意可以在被销售的对象产生认知与兴趣的阶段，给予适当的产品，让对方建立强过其他商品的印象。至于能否引起消费者（被销售对象）的偏好并产生购买行动，那就得看营销人员对消费者需求的分析是否到位、目标消费群设定是否恰当、产品力与消费者需求是否吻合了。

换句话说，在这个信息泛滥到爆炸的年代，如果操作营销的人，还是

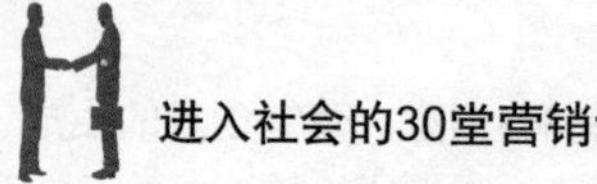

应用陈年的老观念，以为只要把信息传播出去就可以，那就大错特错了。在市面上多如牛毛的信息与商品当中，想要出人头地，只有亮眼的创意才能够帮忙办到！

有效、惊艳的创意，能够让营销主体在一堆“选我！选我！”的音浪中，雀屏中选！这样说，你就应该懂得创意的重要性了吧！

训练创意的方法

对长年从事营销的人来说，确实要学会训练创意、培养创意的方法，以下就是资深营销高手经常使用的创意训练法，大家快来练练功吧！

方法	说明
脑力激荡法	此法强调集体思考，着重互相激发思考，鼓励参加者于指定时间内，构想出大量的意念，并从中引发新的构思。该法的基本原理是：只专心提出构想而不加以评价；不局限思考的空间，鼓励想出越多主意越好。
心智图法	此法主要采用图志式的概念，以线条、图形、符号、颜色、文字、数字等各样方式，将意念和信息快速地以上述各种方式摘要下来，成为一幅心智图，然后找出其中相同或相异的部分，做出不一样的发想。
曼陀罗法	是一种有助扩散性思维的思考策略，利用一幅九宫格图，将主题写在中央，然后把由主题所引发的各种想法或联想写在其余的八个格子内，从多方面进行思考。
逆向思考法	当人们按照常规思考问题时，常常受到经验的支配，不能全面地、正确地分析事物。有时倒过来想一下，采用全新的观点看事物，往往反而有所发现。
分合法	此法主要是将原本不相同亦无关联的元素加以整合，产生新的意念或面貌。分合法利用模拟与隐喻的作用，协助思考者分析问题以产生各种不同的观点。
属性列举法	此法强调使用者在创造的过程中，观察和分析事物及问题的特性或属性，然后针对每项特性提出改良或改变的构想。

检核表法	检核表法是在考虑某一个问题时，先制成一览表，对每项检核方向逐一进行检查，以避免有所遗漏，此法可用来训练员工思考周密，及有助构想出新的意念。
5W2H检讨法	此法之优点及提示讨论者从不同的层面去思考和解决问题。所谓5W，是指：为何（Why）、何事（What）、何人（Who）、何时（When）、何地（Where）；2H指：如何（How）、何价（How Much）。

突破创意沙滩的方法

你是否常感觉才枯思竭，玩不出新花样了呢？利用下列技巧把打结的“东西”融会贯通吧：

把它倒过来、改变大小、变换颜色、变个形状、改变它的运行方式、使它发出火花、结合文字、音乐和图画、参加打赌、使它成为年轻款、把它分割开、发现新用途、把要素重新配置、它像是某种东西的代替品、增添怀旧的诉求、使它更耐久、运用象征、化为摄影技巧、用图画说明你的故事、创造新广告媒体、变换气味、使它不对称、将它向不同年龄层诉求、价钱压低、用不同背景、给它起绰号、使它富有魅力、使它成为被讽刺的……最后，再把以上各项任意组合，肯定会有不一样的灵感出现。

营销创意的点线面“三到”

营销创意三到者，“到点”、“到位”、“到底”是也。这“三到”可说是评判创意优劣的一把尺。

比方说，为了鼓励消费者夏季多吃冰，有三种做法，可以说买多少支棒冰，费用可以打七折，这叫“到点”。也可以说一天多花一支棒冰的钱，你能享受整个凉爽的夏季，这就叫“到位”。还可以说：你是贪图一时的凉快，还是希望享受整个夏季的凉爽呢？这才是“到底”。

但是，到底怎样才是到点、到位、到底呢？总不能每一个个案都靠经验去感觉、去拿捏吧？

简单地说，所谓“到点”，是完成了从营销与广告策略到创意策略的过渡。

那么营销与广告策略的核心是什么呢？对，就是诉求点，它保证了我们是做对的事情。广告本来就是“有偿的信息传播”，你自己都不知所云、不知道说什么的话，到头来浪费广告费也不算冤。

再说“到位”。经常听到某某营销创意做得很好，很“到位”这样的说法，它实际是指打通了创意策略和创意表现的脉络。

接下来的“到底”呢？单纯的到点和单纯的到位，都不足以呈现营销创意的威力。营销创意是干什么的？不是艺术创作，也不是自娱自乐，创意是要创造品牌的，而品牌是为了更好的销售，所以，创意归根结底就是为了销售，所以，我们要将营销创意进行“到底”。

策划、创意与点子

策划、创意与点子之间是一一包含关系，点子是零散的创新想法，创意是由连贯性、系统性的一系列点子构成，策划则是经过严密论证的有关联性创意组合。

| 营销VS职场 |

从品味生活当中培养创意

创意可以培养吗？其实只要仔细品味每一天的生活，对周遭事物保持好奇心，就能逐渐找到自己的价值，启动你独一无二的创意能量。

现代的社会里，愈来愈多人开始在谈创意、谈美学。这些以往被认为是艺术家和设计师专属的天赋，已经成为人人都想具备的涵养。彷佛没有创意和美感，人生和职场就缺乏竞争力，而这也正是年轻一代普遍的焦虑。

所谓的“创意”，就是要和别人不一样。如果不想和别人一样，首先要克服外界的批评和观感，学习排除这些意见，专注做你想做的事情。

但是，创意在哪里呢？很多人不知道，创意其实就在自己身上，创意来自于我们的生活经验，生活经验绝对胜过书上说的。这都得根植在要对每一天的生活有所体会、对事物保持好奇心，关注所有周遭的人。

然而创意往往变成一门最少人投入，却赚最多钱的行业，《哈利波特》作者J.K.罗琳，凭一己之力成为英国首屈一指的女富豪。反观制造业，愈多人投入，获利却最少，因此往知识创意发展的路上走“绝对”是未来职业的发展趋势。

课后重点整理

| 打开创意的死结 |

“我到底该怎样脱颖而出呢？”、“要怎样才能获得主管重视呢？”、“这些都是老桥段，看了就想吐，来点新鲜的吧！”……一个优秀的营销人，一定会经常思考这样的问题，而创意就是他最好的解药！

说真的，世界上没有启发创意的万灵丹，一切都得在实作与思考中，自行摸索出一条道路，当然，这还得凭借大量的阅读，你才能获得足够的能量！

至于脑袋纠结打不开，产生不了创意的时候，该怎么办呢？通过下面的故事，希望对你有所启发！

上帝曾为人间制造了一个死结，并许有承诺：谁能解开死结，谁就将成为亚洲王。所有试图解开这个怪结的人都失败了，最后轮到亚历山大，他说："我要创建我自己的解法规则。"他抽出宝剑，一剑将死结劈为两半，于是他就成了亚洲王。

这故事深入浅出地道出"创意"二字的真谛。也许，创意本身就是个死结，没有人能把它解开，它也没有一个真正意义上的解释和定义。但可以肯定的是，创意绝不是一般意义上的模仿、重复、循规蹈矩、似曾相识，大多数人都能想到的绝不是好的创意，或者说，根本就谈不上创意。

好的创意必须是新奇的、惊人的、震撼的、实效的，"物以稀为贵"是事物不变的通则。死结就意味着根本无法解开，既然上帝跟我们开了个玩笑，那么，就必须采取超乎寻常的非凡手段。上面的故事不就给了我们一个很好的启示，从事创意的人是否也应思考思考，亚历山大能用剑劈，我们为什么不能用火烧呢？

05 LESSON 4C、4R、4P 合体，变形金刚上身

市场营销策略是企业以顾客需要为出发点，根据经验获得顾客需求量以及购买力的信息、商业界的期望值，有计划地组织各项经营活动，通过相互协调一致的产品策略、价格策略、渠道策略和促销策略，为顾客提供满意的商品和服务而实现企业目标的过程。

课堂学习重点

1. 营销策略中包含哪些元素？
2. 什么是4P，它与营销的关系是什么？
3. 什么是4C，它与营销的关系是什么？
4. 什么是4R，它与营销的关系是什么？
5. 4P、4C、4R的优缺点为何？又该怎样截长补短，运用到营销？

其实营销并不难，每个人身体里面都有天生的营销DNA，只不过现在我们为了传达信息方便起见，所以会把简单的道理用各式各样繁复的文字阐述，希望大家能够对道理理解更透彻！

在这堂课里面提到的“4P”、“4C”、“4R”，大家千万不要被它奇形怪状的缩写给吓到了，了解它背后产生的道理之后，会发现其实它真的非常简单，只不过是为了方便大家理解的一种符号罢了！

简单地说，“4P”就是与推销产品有关的元素，“4C”是与被营销对

象，也就是客户需求有关的注意事项，而“4R”则是管理客户需求的相关技巧。

在竞争激烈的市场上，唯有对你想要销售、提供服务的对象进行深刻的解剖之后，你才能够知道对方需要什么，且你能提供什么，这也正是营销课不断强调的重点，也是区分“4P”、“4C”、“4R”的最终目的。

为了留点神秘感，这些缩写背后的意义，在接下来的篇幅都会慢慢说明，请大家就耐心地继续看下去吧！

4P是营销的基础工具

“该地段共1000亩，位于未来城市新区，交通干道旁，规划建成一个具有欧式巴洛克建筑风格，西式园林和别墅为主要类型的高档住宅小区，销售价格与竞争对手相比高出10%，采取报纸广告、事件营销等推广方式，以会所作为项目销售中心，代理公司进行现场销售管理……”

在对于这样一个项目的构思中，就包含了产品（Product）、价格（Price）、促销（Promotion）、渠道（Place）的四要素，这四要素就是营销策略组合，即4P。

产品包含核心产品、实体产品和延伸产品，广义的产品可以是有形的实体，也可以是无形的服务、技术、知识或智能等。作为策划代理公司所提供的产品就是技术、知识、智能和服务。

至于价格的制订手段很多，有竞争比较法、成本加成法、目标利润法、市场空隙法等，这些方法的目标都是要使产品成为可交换的商品。

传统意义的促销是人员推广、广告、公关活动和销售促进。这些方式在营销过程中也有非常广泛的应用。

渠道则是指产品从生产方到消费者终端所经历的销售路径。

因为服务业在20世纪70年代迅速发展，因此4P之后，有学者又增加了第5个“P”，即“人”（People）。又因为包装在包装消费品营销中的重要意义，而使“包装”（Packaging）成为第6个“P”。

20世纪70年代，营销管理之父科特勒在强调“大营销”的时候，也提出了两个“P”，即公共关系（Publications）和政治（Politics）。当营销战略计划变重要的时候，科特勒又提出了战略计划中的4P过程，即研究（Probing）、划分（Partitioning，即细分Segmentation）、优先（Prioritizing）、定位（Positioning），营销组合至此演变成12P，但4P依然作为营销的基础工具，发挥着非常重要的作用。

4C是顾客在意的一切事务

虽然4P横扫近半个世纪，但到了20世纪90年代，随着消费者个性化日益突出，加之媒体分化，信息超载，传统4P也渐渐被4C所挑战。

从本质上讲，4P思考的出发点是企业中心，是企业经营者要生产什么产品、期望获得怎样的利润而制订相应的价格、要将产品怎样的卖点传播和促销，并以怎样的路径选择来销售。这其中就忽略了顾客作为购买者的利益特征，忽略了顾客是整个营销服务的真正对象。因此以客户为中心的新型营销思路便顺势出现，以顾客为导向的4C说应运而生。1990年，美国学者劳特朋教授便提出了与4P相对应的4C理论。

4C的核心正是顾客战略。而顾客战略也是许多成功企业的基本战略原则，比如，知名大卖场沃尔玛“顾客永远是对的”的基本企业价值观。

4C的基本原则是以顾客为中心进行企业营销活动规划设计，从产品到如何实现顾客需求（Consumer's Needs）的满足，从价格到综合权衡顾客购买所愿意支付的成本（Cost），从促销的单向信息传递到实现与顾客的双向交流与沟通（Communication），从渠道的产品流动到实现顾客购买的便利性（Convenience）。

4R是满足顾客需求的战略

然而顾客战略为核心的4C说，随着时代的发展，也显现出其局限性。因为当顾客需求与社会原则相冲突时，顾客战略也是不适应的。

例如，在倡导节约型社会的背景下，部分顾客的奢侈需求是否要被满足。这不仅是企业营销问题，更成为社会道德范畴问题。同样的，建别墅与国家节能省地的战略要求也相背离。

于是2001年，营销界又提出了关系（Relation）、反应（Reaction）、关联（Relativity）和报酬（Retribution）的4R新说，“侧重于用更有效的方式在企业和客户之间建立起有别于传统的新型关系。”

关联（Relativity）意旨要与消费者建立关联、反应（Reaction）意旨要提高对市场的快速反应、关系（Relation）意旨要与消费者建立一种互动的关系，报酬（Retribution）意旨要保持企业得到市场长期回报的能力。

随着市场的发展，企业需要从更高层次上以更有效的方式在企业与顾客之间建立起有别于传统的新型主动性关系。

4R营销思想真正体现了关系营销的思想，之所以称之为思想，是因为它还没有成为一种体系，一种可操作的营销模式，这与整合营销传播一样，是一种手段，而不是一种相对全面的营销理论模型。

不断进化的市场营销策略

总之，营销理论是在一个不断发展的过程。但万变不离其宗，4P和4C还是存在着实质上的关联，从顾客需求的角度思考如何设计和研发产品，从顾客成本的角度考虑如何制订最合理的价格，此外，顾客需求本身对于产品价格也有着直接的影响，从与顾客如何实现沟通的角度思考促销和推广的方式，从客户购买的便利性角度来确定企业渠道的选择。

作为营销的基本理论，4P和4C的营销策略组合原则，都在我们日常的营销实践中被有意无意地广泛应用。

营销策略的内容及优劣比较

营销策略	基本内容	优点	缺点
4P	**产品策略**：包括产品组合、产品寿命周期、产品包装、品牌等内容 **价格策略**：包括决定定价导向、作出调整价格的反应、设计价格的风险评价 **分销渠道策略**：包括渠道模式和中间商的选择、调整协调管理、实体分配 **促销策略**：包括推销、广告、营业推广等	1．使营销理论有了体系 2．使复杂的现象和理论简单化 3．为营销提供易于操作的框架 4．理论上概括、实务上可操作	1．不足以涵盖所有行业可控制的变量 2．只适合制造业中消费品的营销活动和生产者主权的卖方市场
4C	**顾客策略**：忘掉产品、记住顾客的需求和期望，以顾客为中心 **成本策略**：忘掉价格、记住成本与顾客的费用，让顾客在成本上相对满意 **方便策略**：忘掉地点、记住方便顾客，为其提供方便的消费通道 **沟通策略**：忘掉促销、记住与顾客沟通，培养其忠诚度	1．以顾客为中心进行一对一传播 2．注重资源整合、宣传企业形象 3．以传播和双向沟通为基础	1．与市场经济的竞争导向矛盾 2．不能形成营销优势 3．未遵循企业经营的双赢原则 4．未解决满足顾客的操作性问题 5．被动适应顾客需求的色彩较浓
4R	**关联策略**：与顾客建立关联，提高其满意度和忠诚度，减少顾客流失 **反应策略**：提高市场反应速度，倾听和满足顾客的需求与渴望 **关系策略**：与顾客保持合作关系、建立长期而稳固的关系 **回报策略**：注重利润回报与价值回报	1．以竞争为导向，概括了新框架 2．体现并落实了关系营销的思想 3．反应机制为互动与建立关联提供了基础 4．回报兼容了成本和双点的内容	实施4R营销策略需实力基础或某些特殊条件

| 营销VS职场 |

求职面试也与营销有关

现在，拟定营销策略全力推销自己，比起以往任何时候都显得重要。那么什么是利用渠道、市场心理以及客户关系管理的自我营销之道呢？

关于这一点，我们不妨从面试开始谈起，成功面试最重要的，就是要做好准备。比方说，研究并了解你即将面试的雇主，以及他的竞争对手信息，同时记得要多带几份你的简历，穿着正式服装。

另外，在面试时，应聘者应该在夸夸其谈和拘谨不言之间寻找一个平衡点。比方说，面试者要倾听对方，并适当发表意见，但一定要注意，避免用“哦”、“你知道的”、“好像”之类的口头语。

其次，要留意你给别人的第一印象，通常初次见面的第一印象几乎无法改变，因此，你的肢体语言和外表包装便显得至关重要，关于这一点，有三个规则要记住：合身、功能性、有特色。

合身是关键，也就是衣服要裁剪合身，其次，穿着要满足功能性，再来，特色则可以展示你的个人魅力。

如果能达到这些要求，那么相信你的面试绝对能过关。

课后重点整理

| 要多方综合运用营销战略 |

4C是站在消费者的角度上来看营销，决定了企业的未来；4P是站在企业的角度来看营销，把握着企业的现在，而4R是以综观的角度，解决营销、客户、市场与企业之间的一切问题。不管4P还是4C、4R，由于看问题的角度不同，企业的竞争立足点也就不同了。因此，营销人应该用4C来思考，用4P来行动，用4R处理问题，如此多方运用，营销策略就会灵活多变，也就更有竞争力了。

06 LESSON 产品是一切营销的根源：打造人人称赞的好商品

营销人都很在意执行产品营销，而产品营销给人的第一感觉肯定是如何为产品做营销？重点放在了营销上。但实际上并非如此，产品营销，重点其实应该放在产品上。从产品的质量、售后服务，还有提高产品信誉，才是做营销的根本。

课堂学习重点

1. 该如何打造受欢迎，又有市场的产品？
2. 好产品的定义是什么？
3. 产品有哪些资源条件可以开发？
4. 有100%完美的产品营销方法吗？
5. 常见的新产品销售失败原因有哪些？

当大家在谈论营销技巧之际，千万不要忘记了，再怎么高端、厉害的营销技巧，最终还是要回归到产品上面。如果产品不好有瑕疵，基本上任何营销技巧都很难弥补。如果你是这件“商品”，想要找到好的工作、跟老板争取加薪，你就得充实本职学能，拿出好的表现。

如果你是餐厅的老板，菜单上的餐点就是你的商品，你便要让它色香味俱全，受到老饕好评，才算制造了好商品。

因为，不管是哪个市场的竞争，直接讲就是产品的竞争。

创造强悍有力产品的5大绝招

那么，如何创造强悍有力的产品呢？下面五个方法，提供你参考：

1．定位明晰，聚焦一把抓

全能型产品未必能够通吃老中青，一把抓有可能把自己置于四面受敌的境地，而明确的定位与聚焦，才可以使产品更锐利，更锋芒。

2．速度决定优势

产品的研发、上市、渠道、推广都应当遵循“快”字诀，做品类的开创者对市场则有先入为主的主动优势，而垂直快速的渠道，能够最快地将产品与信息送达消费者。产品推广与渠道开拓速度不对称，将贻误时机，丧失优势，甚至功亏一篑。

3．人无我有

稀缺性创造新利基。物以稀为贵，并不是简单的“限量发售”，而在于其独创性和不可复制性。

4．创新不止

人们喜欢新奇，无论是产品本身、包装形象还是广告，都可能重新唤起顾客的新鲜感。老瓶装新酒，既可谓之经典，又不落时尚。想要避免昙花一现，使得产品能够持续发展，就必须有充分的创新力。《钢铁人2》刚看完，我们就迫不及待期待《钢铁人3》的上映；苹果iPad刚发布，我们就猜测下次贾伯斯会带来什么？便是这个道理。

5．融入生活

服务只是产品的补充，如果，产品就能感动消费者，那么，其生命力之鲜活、强悍谁可挡？比如环保、健康、绿色、怀旧、个性、人性。立足生活，多些人文关怀，成为消费者向往的生活符号，产品将更有魅力。

市场需要的，才是应生产的产品

如何做才能把自己的产品市场做好，让产品好市场也好，从营销策略上和市场的角度来说，我们要重视以下几个条件：

1．产品资源条件

某个产品在市场上已经存在很长时间了，那我们就要先对比一下，看看企业手里的产品和这个在市场上已经存在很长时间的产品之间相差点是什么？首先要考虑的就是资源条件有什么不同。所谓的资源条件是什么呢？

比如说，我们的产品不错。这不是产品条件的对比，而是很多其他条件的对比分析。仅产品就包括质量、外观和内在质量的统一性分析，还包括产品的设计、产品的款式和产品的成本等。根据这些产品的条件来分析和对比自己的产品在市场上和其他已经销售很长时间的产品之间的差异性。

2．市场资源条件

企业需要考虑的是，在市场上已经存在的其他产品资源，和该产品的其他相关情况。

首先，要考虑该产品在市场上已经运作多长时间了，而我们是刚刚进入这个市场，跟市场接触的时间比较短，消费者接受和接触到我们产品的时间也比较短，还需要让消费者认知和了解，这个工作需要用一定的时间来完成。

别人也许在市场上做了5年，也许做了10年，那我们需要做多长时间？这需要从进入市场的时间长短上跟竞争对手作比较，比较出自己对比其他产品到底占不占优势？

建议可从以下几个方面考虑：

- 渠道的网点率和竞争对手相比是否占优势。
- 渠道的网点率和竞争对手相比是否占优势。
- 进入市场时品牌知名度与竞争对手的差距。
- 销售人员能力是不是和竞争对手相一致。
- 竞争对手在市场上的推广和宣传的经费投入多少。

也就是说，竞争对手已经在与消费者互动，而我们还没有互动，相比差距如何。或者说，在市场上他们推广的时间和推广得到的结果和我们没有什么推广、只做了一些简单销售行为所得到的结果差距多大？所以，在这些方面要对比我们可能得到的市场认同是多少？品牌知名度如何？品牌好感度如何？这些都属于企业市场资源的条件。

如果这些都不如竞争对手，只有产品的质量比他们好一点，那就好好想想有多大的资金投入，能够在多长的时间去超越别人，或至少可以达到跟竞争对手相同的状态。如果达不到，只是比别人产品好这一点，要想弥补企业进入市场的资源缺陷是很难的。

没有100%完美的产品营销

许多人称之为营销经典的产品，都曾风光过一阵子，但在今天异常激烈的市场，其实不论是何种企业，只要一个错误，那怕是小小的错误，都有可能把辛辛苦苦亲手打下的江山拱手让人。

成功往往使人自大，很容易在炫耀和自满中使人走向失败之路。有时候，成功是突然的，营销人有可能会把“偶然”错看成“必然”，于是，看事物的客观程度难免降低，进而在决策时，常以自己的主观判断取代了市场的需要。

因此，营销人的首要任务不是去留恋维护所创造的经典，在十个产品九个衰的严峻形势下该如何在充满荆棘的市场森林中不至于迷失自己，才是出路。

曾以提出“定位”理论闻名的美国营销大师特劳特，多年前就指出：**“消费者的心才是营销的终极战场。”**

他认为，营销并非一场真正的产品战，而是顾客脑海中的认知战，谁能在顾客心中占据有利的地位，谁就取得竞争优势。

这话的确经典，如果要真正实现其内涵中所表现出的具体目标，除非各项工作的扎实和完美才能构建良好的口碑效应，执行在这其中尤显重要。

作为企业，它都是有生命力的，产品更是有周期性的，在营销的旗帜下，如果产品要在消费者心目中迅速建立地位，却什么事都要等到酝酿成熟考虑周全，再去付诸行动，那营销人就不知会错过多少机会。

因此如果你的观念比别人好，能适应迎合满足市场需要，那么这个观念就值得推广和实践，不必等它修改得比现在更好之后再推出去。总之，不要让“完美”成为“较好”的敌人。

一旦营销人对市场有较好的想法和思路，就要认真地加以提炼将其发展为可操作执行的计划，并在推广与运作的过程中，谨慎小心，务实认真，对细节充分加以监控落实到位，在产品推出时，所拥有的各项资源如宣传手段、渠道政策、促销方法、价格制度等等都要整合严密，形成自身资源层面上的核心竞争力。

总之，不论是什么功能、什么特点、什么概念的产品，最终成败的关键都在于能否以第一流的手法去执行。

新产品推广失败的十大原因

原因	说明	建议
产品满意度不够	不足以达到或超过消费者的期望值，以及在与竞争品牌相比时，质量或性能落后	改善消费者对产品的综合评价，提高产品满意度
产品知名度不高	产品无广告，或广告传播无力、诉求不当	通过各种渠道与方法，打响知名度，做好宣传
市场定位模糊	卖点不正确，不太清楚产品为谁而设计，产品应该卖给谁，以及如何去卖	产品定位不同，目标市场不同，在营销上就会产生明显的差异性，再加上产品没卖点，消费者不知道利益何在，他们就会认为：这个产品跟我没有一点关系
分销不当或分销不力	新产品选错代理商，或者企业选错销售方法，这样会浪费许多营销资源	设法打开市场，降低销售成本，增加分销力度，让新产品尽速进入渠道
促销活动不足	新产品摆上货架并不意味着万事大吉，相反的，面临考验的时间到了	尽量在短期之内，增加促销活动，让客人注意到该商品，进而产生购买行为

销售管理混乱	许多新产品上市，是因为没有被管理好而失败的	做好销售管理，解决销售人员懒惰、中间商不合作、应收账款增加、价格不一致、产品涉区流窜等问题
价格太高	无法与竞争对手抗衡，或者顾客不愿购买	打破高质高价的传统销售观念，锁定目标市场，建立销售对象可接受的价格
销售人员的销售素质低劣	销售人员的素质低，无现代化的销售常识和销售技能，全靠莽撞或一点经验去做市场	提高销售人员的销售力，排除他们的私心杂念，不要为了个人利益而损害企业，甚至毁灭市场
选错销售市场	如果新产品在一个不适合的市场上销售，那么，它面临的就是失败	做好区域市场的划分，考虑好影响市场发展的任何一种因素
老板的个人意愿作祟	老板经常放弃老板的职责，而充当销售经理来指挥销售	任何人都要遵守自己的本分，做好自己的事情

| 营销VS职场 |

掌握这些诀窍就能成功推销自己

职场犹如商场，而你自己就是商品，要怎样在职场中推销自己，把自己卖得一个好价钱呢？你必须把握这些原则：

1．勇气。这是任何一个想成功的人不可或缺的素质，在竞争激烈的情况下进行推销时，这一点表现得尤为突出。

2．想像力。你必须能想象到和潜在客户见面时的情景以及来自客户的不同意见，必须能运用自己的想像力把自己置于客户的位置上，以便更好地理解客户的需求和目的。要了解这些，几乎要完全从别人的角度来考虑才行，这无疑需要极丰富的想像力。

3．沟通。与人说话的方式和声音语调要令人愉快。怯懦或不自信的声音会让人觉得你很软弱。反之，坚定清楚的声音带着自信、叙事生动，则会让人觉得你充满激情、具有进取精神。

4. 健康。健康的身体最为重要，因为没有健康的身体，无论大脑机能还是身体机能都无法正常运作。你必须保持适当的饮食和健康的身体训练，经常呼吸新鲜空气。
5. 努力。卓越的工作绩效是将推销训练和自己的能力转化为财富的唯一途径。最后就是要身体力行，因为如果不付诸行动，那么健康的身体、勇气或想像力都不会给你带来一分财富。实际上，你所获得的财富和你所付出的勤劳、智慧的工作是成正比的。

课后重点整理

| 再好的产品也需要市场支持 |

很多企业或个人往往只重视产品，如产品的研发、概念性产品的诞生和产品的升级等，却把市场都忽视了。

产品要为市场所能接受，才能产生销售成绩。因此我们不能丢掉市场而独立地研发产品。所有的产品都是因为市场的需求所产生，而市场不认知我们的产品，不了解我们的品牌，这个需求就等于零。毕竟把产品做得再好，没有市场也是没有用的。

备忘录
Memo

07 LESSON 随处可用的SWOT分析

SWOT是所有营销人都要学习的分析方法，它是用来确定本身的竞争优势，竞争劣势，机会和威胁，从而将营销的战略与内部资源、外部环境有效结合。因此，清楚确定营销的资源优势和缺陷，了解营销所面临的机会和挑战，对于制订营销未来的发展战略有着至关重要的意义。

课堂学习重点

1. 什么是SWOT分析，它分别代表什么？
2. 该怎样知道自己的优点，并掌握机会？
3. 该怎样知道自己的缺点，并消灭威胁？
4. 如何活用SWOT分析？
5. SWOT分析有哪些局限性，该如何避免？

商业发达的市场中，竞争是残酷的。面临的状况不是你取代别人，就是别人取代你，所以身为经常需要运用营销的你我来说，真的要符合老祖宗一句流传千古的至理名言："知己知彼，百战百胜"，而"SWOT"就是让你用来知悉对手动态，发挥自身优势的利器。积极来说，如此能稳居上风，消极来说，便是获得逆转胜的重要办法！

SWOT分析是一种内部分析方法，即根据自身的既定内在条件进行分析，找出企业的优势、劣势及核心竞争力之所在。S代表Strength（优势），W代表Weakness（劣势），O代表Opportunity（机会），T代表Threat（威胁）；其中，S、W是内部因素，O、T是外部因素。

按照营销竞争战略的完整概念，战略应是一个营销“能够做的”（即组织的强项和弱项）和“可能做的”（即环境的机会和威胁）之间的有机组合。

优势要彻底发挥

优势（S）是指超越竞争对手的能力，或者指能提高竞争力的东西。例如，当两个企业处在同一市场，或者都有能力向同一顾客群体提供产品和服务时，如果其中一个企业有更高的赢利率或赢利潜力，那么，我们就认为这个企业比另外一个企业更具有竞争优势。

竞争优势可以是以下几个方面：

- **技术技能优势：**独特的生产技术，低成本生产方法，领先的革新能力，雄厚的技术实力，完善的质量控制体系，丰富的营销经验，上乘的客户服务，卓越的大规模采购技能。
- **有形资产优势：**先进的生产线，现代化的设备，拥有丰富的自然资源储存，吸引人的不动产地点，充足的资金，完备的数据信息。
- **无形资产优势：**优秀的品牌形象，良好的商业信用，积极进取的公司文化。
- **人力资源优势：**关键领域拥有专长的职员，积极上进的职员，很强的组织学习能力，丰富的经验。
- **优势：**高质量的控制体系，完善的信息管理系统，忠诚的客户群，强大的融资能力。
- **竞争能力优势：**产品开发周期短，强大的经销商网络，与供货商良好的伙伴关系，对市场环境变化的灵敏反应，市场占有率的领导地位。

如果回归到个人，想想看，你有哪些优势是别人所没有的，是你发挥起来非常顺手，不必经过太多思考与挣扎的呢？

劣势要全力弥补

劣势（W）是指某种缺少或做不好的东西，或指某种会使自己处于劣势的条件。

可能导致内部弱势的因素有：

● 缺乏具有竞争意义的技能技术。

● 缺乏有竞争力的有形资产、无形资产、人力资源、组织资产。

● 关键领域里的竞争能力正在丧失。

《易经》里面曾经说“阴在阳之内，不在阳之对”。“阴”其实不是在“阳”的外面，而是在“阳”的里面，你千万不要被这句看似深奥的话给吓倒，其实老祖先是在警惕我们，显而易见的缺点不是最可怕的，反而是那些被你忽略的、不在意的细微之处，一旦情势逆转或者时间点不同了，搞不好就会从原先是优点的地方，忽然变成缺点，“魔鬼藏在细节当中”正是这个道理啊！

潜在机会要挖掘把握

市场机会是影响战略的重大因素。营销人或主事者应当确认每一个机会，评价每一个机会的成长和利润前景，选取那些可与财务和组织资源匹配、使自己获得竞争优势潜力最大的机会。潜在的发展机会可能是：

● 客户群的扩大趋势或产品细分市场。

● 技能技术向新产品新业务转移，为更大客户群服务。

● 前向或后向整合。

● 市场进入壁垒降低。

● 获得并购竞争对手的能力。

● 市场需求增长强劲，可快速扩张。

● 出现向其他区域扩张，扩大市场占有率的机会。

机会在某方面来说，其实就是趋势，掌握趋势真的很重要，因为这犹如等待热带气旋的老鹰或者站在巨人的肩膀上一样，能够藉由外界的力量推你一把，让你前进得更快，对争取营销的成功，不是更为简单省事吗!

外部威胁要防御克服

外部环境中，总是存在某些对盈利能力和市场地位构成威胁的因素。营销人或主事者应当及时确认危及未来利益的威胁，做出评价并采取相应的战略行动来抵消或减轻它们所产生的影响。

外部威胁可能是：

● 出现将进入市场的强大新竞争对手。

● 替代品抢占公司销售额。

● 主要产品市场增长率下降。

● 汇率和外贸政策的不利变动。

● 人口特征、社会消费方式的不利变动。

● 客户或供货商的谈判能力提高。

● 市场需求减少。

● 容易受到经济萧条和业务周期的冲击。

市场是有限的，资源也不可能无穷尽，因此理所当然的，竞争就变得更为残酷！你必须了解你的威胁在哪里，才不会还没达到目的，就被打的遍体鳞伤，毫无招架之力，你也才会知道该如何见招出招，采取适当的应对方式。

沃尔玛（Wal-Mart）的SWOT分析

项目	内容
优势（S）	著名的零售业品牌，它以物美价廉、货物繁多和一站式购物而闻名。销售额在近年内有明显增长，并且在全球化的范围内进行扩张
劣势（W）	建立了世界上最大的食品零售帝国，尽管它在信息技术上拥有优势，但因为其巨大的业务拓展，这可能导致对某些领域的控制力不够强
机会（O）	采取收购、合并或者战略联盟的方式与其他国际零售商合作，专注于欧洲或者亚洲区等特定市场。并可以通过新的商场地点和商场形式来获得市场开发的机会
威胁（T）	沃尔玛在零售业的领头羊地位使其成为所有竞争对手的目标。而沃尔玛的全球化战略使其可能在业务国家遇到政治上的问题。此外，恶性价格竞争也是一个威胁

SWOT分析矩阵

	Helpful对达成目标有帮助的 to achieving the objective	Helpful对达成目标有害的 to achieving the objective
internal 内部（组织） attributes of the organzation	Strengths：优势	Weaknesses：劣势
External 外部（环境） attributes of the environment	Opportunities：机会	Threats：威胁

内部因素

外部因素	优势	劣势	
	1 利用这些	3 改进这些	机会
	监视这些	2 利用这些	威胁

SWOT分析也有局限性

与很多其他的战略模型一样，SWOT模型已由麦肯锡提出很久了，因此也带有时代的局限性。以前的企业比较关注成本、质量，现在的企业可能更强调组织流程。例如，以前的电动打字机被打印机取代后，该怎么转型？是应该做打印机还是其他与机电有关的产品？

从SWOT分析来看，电动打字机厂商的优势在机电，但是发展打印机又显得比较有机会。结果有的朝打印机发展，死得很惨；有的朝电动刮胡刀生产，却发展很成功。这就要看，你要的是以机会为主的成长策略，还是要以能力为主的成长策略。

由于SWOT没有考虑到企业改变现状的主动性，但企业还是可以藉由寻找新的资源来创造企业所需要的优势，从而达到过去无法达成的战略目标。此外，在运用SWOT分析法的过程中，你或许会碰到一些问题，这就是它的适应性。因为有太多的场合可以运用SWOT分析法，所以它必须具有适应性。

SWOT分析的基本规则

规则	有做到	没做到
必须对优势与劣势有客观的认识		
必须区分现状与前景		
必须考虑全面		
必须与竞争对手进行比较		
避免复杂化与过度分析		

| 营销VS职场 |

利用SWOT分析做好职场规划

一个男孩子在追求一个女孩子之前，他要掂量掂量自己，我有多少优势？我身高多少，收入多少，学历怎么样，长相怎么样？我还有什么劣势？我性格弱点啊，或者我钱少一点啊，或者我工作现在暂时还不稳定啊等等，这里头我的机会是什么？我跟她有多少次见面的机会，能创造多少机会。然后是威胁，是否有情敌等。企业和个人都是同样的，每做一件事情，大事也好小事也罢，实际上，不管在纸上还是在心里都在做SWOT分析。

同样的身处职场中，你也要充分的利用SWOT分析，来设计规划自己的职业生涯，这时你应遵循以下四个步骤：

第一，优势分析

如果你能根据自身长处在选择职业时，顺势而为地将自己的优势发挥得淋漓尽致，就会事半功倍，如鱼得水；如果你像让兔子学游泳那样选择了与自身爱好、兴趣、特长，背道而驰的职业，那么，即使以后再勤奋弥补，耗费九牛二虎之力，也是事倍功半，难以补拙。

职业生涯设计的前提是：知道自身优势是什么，并将自己的生活、工作和事业发展都建立在这个优势之上。

第二，劣势分析

同样的，你要指出你的劣势和你最不喜欢做的事情。不知道自己的劣势在哪里，就会盲目高兴，会觉得天生能做好许多事情，从而沉浸在自我优势的圈子里，像井底之蛙，不知天到底有多大。找到自己的短处，可以努力去改正自己常犯的错误，提高自己的技能，放弃那些对不擅长的技能要求很高的职业。

第三，机会分析

环境为每个人提供了活动的空间，发展的条件和成功的机遇。特别是近年来，社会的快速变化，科技的高速发展，市场的竞争加剧，对个人的发展产生很大的影响。在这种情况下，个人如果能很好地利用外部环境，就会有助于个人发展的成功。否则，就会处处碰壁，寸步难行。

第四，挑战（威胁）分析

除了机遇，在这个社会中，我们也会面对各种各样的挑战和威胁。这是我们无法控制的外部因素，这些因素包括：就业还处于买方市场形势、所学专业过时或不符合社会的需要、来自同学的竞争、面对有更优的技能和更丰富的知识及更多的实践经验竞争者、公司不雇用你这个专业的人等等。这都是你可能遇到的挑战，但是我们却可以藉由事先准备以弱化它的影响。

课后重点整理

| SWOT分析有助拟定正确决策 |

根据SWOT分析，我们可以将营销时遭遇的问题按轻重缓急分类，明确哪些是目前急需解决的问题，哪些是可以稍微压后一点的事情，哪些属于战略目标上的障碍，哪些属于战术上的问题，并将这些研究对象列举出来，依照矩阵形式排列，然后用系统分析的思想，把各种因素相互匹配起来加以分析，从中得出一系列相应的结论，而结论通常带有一定的决策性，有利于营销者和管理者做出较正确的决策和规划。

08 LESSON 做好市场调查再上路

市场调查是一门结合市场营销学、传播学、广告学以及统计学的重要科目，进行市场调查的目的在于资料取得，分析与预测。

市场调查就是指运用科学的方法，有目的地、有系统地搜集、记录、整理有关市场营销信息和数据，分析市场情况，了解市场的现状及其发展趋势，为市场预测和营销决策提供客观的、正确的数据。

课堂学习重点

1. 市场调查对营销来说，为什么那么重要？
2. 市场调查可能出现的错误有哪些？
3. 有哪些市场调查的方式？
4. 市场调查的步骤有哪些？
5. 市场调查的哪一部分最重要？

有很多事情你可能不知道。

根据调查，有93.5%的18至35岁女性都有过各种各样的非理性消费行为，其中79.0%的人，事后会持无所谓或不后悔的态度；61%的中年男性和64.3%的青年男性都偏爱在外事业有成，在家温柔贤慧，懂得角色转换，家庭事业都出众的女性……

以上数据很琐碎吗？但是对于营销人员要制订合理有效的营销策略却无比珍贵，调查研究的确非常重要，因为只有通过调查研究，才能掌握趋势，知道各收入阶层的消费习惯，了解一个市场的群体组合及其生活方式，了解了这些，你才能够进行英明决策。

市场调查是在市场营销整个领域中的一个重要元素。它把消费者、客户、公众和营销者藉由信息联系起来，这些信息有以下职能：识别、定义市场机会和可能出现的问题，制订、优化营销组合并评估其效果。

市场调查就是要确定说明问题所需的信息，设计收集信息的方法，监测和执行数据收集的过程，分析结果，并把调查中的发现和其涵义提供给客户。

市场调查的案例

一个比利时地毯商人，为了把自己的地毯打进阿拉伯市场，事先调查了中东人的生活习惯，他根据阿拉伯国家穆斯林教徒跪在地毯上做朝拜时，必须面向麦加城方向的特点，特意设计了一种地毯。这种地毯中间嵌有永远指向麦加城方向的指标，这样，教徒只要铺上了地毯，就能知道麦加城的方向所在。这地毯一上市，果真就受到穆斯林教徒的广泛欢迎，成了供不应求的热门货。

睁大眼睛做好市场调查

随着市场格局的变化，营销人员越来越认识到关注市场的重要性，也越来越认识到营销运作必须紧扣市场的脉搏，认识到“产品需应市场需求而定，竞争需应对手策略而转”。

因此，身为营销人员就要对市场睁大眼睛、竖起耳朵，去观察与聆听。否则难免陷入盲目与被动。但众多的营销人员虽有关注市场的意识，对市场的认知却偏于主观，并流于表面，也正因为多基于表面与主观的判断，以至产生错误。如此，不但未能通过对市场的掌握而对企业发展有所帮助，反而因错误决策造成对企业经营发展的阻碍与损害。

最普遍也最明显的，莫过于许多初步有了市场关注意识的营销人员，因为对市场认知流于表象的缘故，产生了诸如“存在即是合理，甚至于存在即是正确”的观念。以此观念来看待市场势必造成许多对市场认知的误导，导致经营决策出现重大失误。

常用的市场分析法

方法	做法
系统分析法	让研究者从企业整体上考虑营业经营发展战略，用联系的、全面的和发展的观点来研究市场的各种现象，既看到供的方面，又看到求的方面，并预见到他们的发展趋势，从而做出正确的营销决策
比较分析法	比较分析法是把两个或两类事物的市场数据相比较，从而确定它们之间相同点和不同点的逻辑方法
结构分析法	藉由市场调查数据，分析某现象的结构及其各组成部分的功能，进而认识现象本质
演绎分析法	把市场分解为各个部分，并通过研究，然后将研究得到的认识连接起来
案例分析法	以典型企业的营销成果作为例证，从中找出规律性
定性与定量分析结合法	进行定性分析，以确定问题的性质；也必须进行定量分析，以确定市场活动中各方面的数量关系
宏观与微观分析结合法	把宏观分析和微观分析结合起来以保证市场分析的客观性、争取正确性
物与人的分析结合法	既分析物的运动规律，又分析人的不同需求，以便实现二者的有效结合，保证产品销售的畅通
直接数据法	运用已有的数据与同业数据进行比较，通过分析市场变化，寻找目标市场
必然结果法	由一种商品的销售量或保有量而推算出另一种商品的需求量
复合因素法	选择一组有联系的市场影响因素进行综合分析，测定有关商品的潜在销售量

市场调查的雷区

不论企业或个人，在市场的调查分析研究方面，存在以下几种缺陷，

大家要小心，千万别踩到地雷了：

1．有关注市场的意识，但却没有系统科学的市场研究知识，根本不知如何进行市场信息的收集。换句话说，就是虽然注意到市场的变化，但对于相关信息的解读能力却相对欠缺，这样会导致错失反应的宝贵时间，让你的商品在市场上无法获得好评，甚至永不得翻身。

2．缺乏专业的市场研究与策略人员，由企业主个人进行市场把握，导致对市场信息的掌握不系统、不客观，市场信息把握片面甚至失误，太过随意。

3．没有真正意义上的市场调查研究，市场信息多流于表面与简单化，导致决策人凭借的不是通过信息分析研究而得出的结果，而是信息的表象本身。

市调的前置与收尾同样重要

没有认真的市场研究调查，就没有有效的营销，那么，市场调研前要准备哪些工作呢？

简单地说，行业的前景、发展趋势、行业内的标竿、近三年年度销售的数据、调研区域、作业的内容、作业人员的安排、作业的计划、费用的预算、作业的标准、作业的方式策略、作业的工具、作业的排期等都要在外出调研之前，全部罗列清晰，不然出去调研什么？

而市场调研完成后的工作，同样不可以疏漏。

市调研调是需要多方的配合，工作完成后，要把围绕市场所见所闻，眼力洞察，资料分析归纳总结后，用树形图或鱼骨图分析优劣，并制订符合实际需用的规划。

｜营销VS职场｜

掌握生存必须知道的关键情报

市场调查在某方面来说，就是要掌握情报。竞争情报具有决策的智囊作用，市场导向的尖兵作用，商品营销的警示作用，技术交流协作的参谋作用，市场投资经济价值的揭示作用，不论对个人或者是企业来说，都是生存发展的重要基础和战略武器。

与SWOT分析相结合的市场调查

在第7课当中，我们知道了SWOT分析对营销的重要性，那么在本课程中提到的市场调查，基本上算是辅佐、协助SWOT分析得以遂行的重要步骤，因为市场上的客人千百种，需求不尽相同，在旁虎视眈眈，趁机掠夺市场的竞争对手同样多如牛毛，因此详尽的市场调查就成了知己知彼的良好工具。

市场调查的步骤通常包含了：确定问题与假设、确定所需数据、确定收集数据的方式、抽样设计、数据收集、数据分析、调查报告。

不管你是不是要以营销工作为主业，但只要生活在当今的社会，每个人都必须知道利用何种渠道与工具，达到市场调查的目的。为什么要不断阐述市场调查的重要性呢？在此再强调一次，当你通过市场调查，掌握了市场与客户方方面面的信息后，对于你的投资决策、选择方向等等才有所依据，而非无的放矢，徒然浪费宝贵的时间。以下是市场调查分析项目进展的流程，营销人员可以参考这份流程表，设定符合自己需求的调查分析进度。

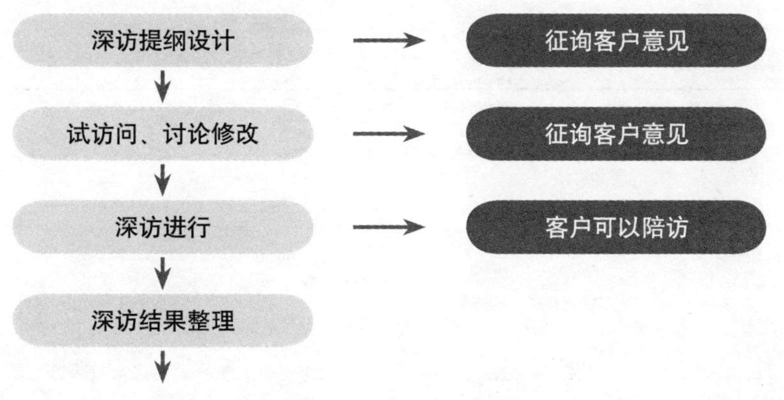

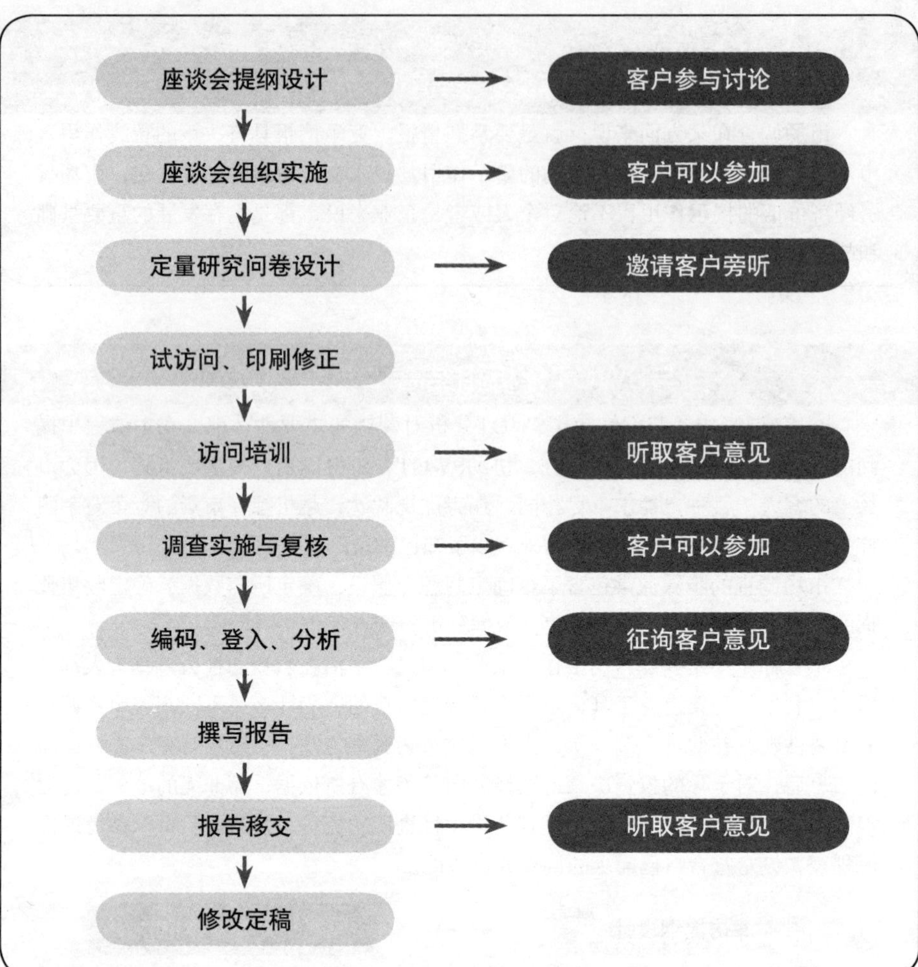
座谈会提纲设计
客户参与讨论
座谈会组织实施
客户可以参加
定量研究问卷设计
邀请客户旁听
试访问、印刷修正
访问培训
听取客户意见
调查实施与复核
客户可以参加
编码、登入、分析
征询客户意见
撰写报告
报告移交
听取客户意见
修改定稿

课后重点整理

| 市场分析能确保营销战略的顺利实施 |

市场分析的作用主要表现在两个方面：

一是正确制订营销战略的基础。营销战略决策只有建立在扎实的市场分析基础上，只有在对影响需求的外部因素和影响企业产销的内部因素充分了解和掌握以后，才能减少失误，提高决策的科学性和正确性，从而将经营风险降到最低限度。

二是实施营销战略计划的保证。在实施营销战略计划的过程中，可以根据市场分析取得的最新信息数据，检验和判断营销战略计划是否需要修改，如何修改以适应新出现的或企业事先未掌握的情况，从而保证营销战略计划的顺利实施。

备忘录
Memo

09 LESSON 定价足以影响销量

定价策略，是市场营销组合中一个十分关键的组成部分。价格通常是影响交易成败的重要因素，同时又是市场营销组合中最难以确定的因素。

企业定价的目标是促进销售，获取利润，这便要求企业既考虑成本的补偿，又必须考虑消费者对价格的接受能力，从而使定价策略具有买卖双方双向决策的特征。此外，价格还是市场营销组合中最灵活的因素，它可以对市场作出灵敏的反映。

课堂学习重点

1. 什么是定价？定价在营销方面，将发挥哪些决定性作用？
2. 为什么学会定价是营销人的重要功夫？
3. 该如何选定定价目标？又该如何确定市场需求？
4. 成本与定价之间的关系该怎样拿捏？
5. 定价的方法有哪些？

营销人员要学会如何替产品定价！

新品上市时，很重要的一环便是如何给产品定价。作为产品可以衡量、比较的部分，定价是否正确，直接关系到产品的销量、企业能不能获利、目标消费者能不能接受等问题。这是一个让很多营销人头疼的决策。

影响价格最终形成的因素有很多，除去产品成本、竞品分析、目标消费者分析以及需求确定等之外，还要考虑营销战略、企业目标、政府影响和品牌溢价能力等因素。总之，在确立新品价格的决策过程中，定价所应依循的基本步骤有很多，营销人员要掌握这些诀窍，不可以挂一漏万，以免造成遗憾！

定价决策一：选择定价目标

定价目标必须服从公司营销战略，不同时期营销战略的定价目标不同。一般来说，与新品上市相关的定价目标大致有几种：

（1）**追求利润最大化**。新品是否具有绝对的优势，上市后在激烈的竞争中能否处在有利地位。如果能满足上述条件，那么就可以将追求利润最大化作为定价目标，将价格尽量定得高一些，以满足公司快速收回投资的愿望。但追求利润最大化也可能会因品牌溢价能力的限制，导致产品销量增长缓慢。

（2）**提高市场占有率**。如果推出的新品，主要是为了提高市场占有率，那么就适合采用极富竞争力的价格，以低价打入市场，逐步控制市场。高市场占有率为提高盈利率提供了可靠保证。但在此之前，公司应结合市场竞争状况，确定有利可图的销售目标。

（3）**适应价格竞争**。在激烈的市场竞争环境中，若市场领导品牌不断发起价格战，应注意新品能否避开价格战的漩涡，如不能，则应推行适应价格竞争的定价目标，防止新品上市之后，就一败涂地。

（4）**稳定价格**。若产品本身并无明显突出特点，公司也无意挑起价格战则应采用中庸的定价目标，稳定价格。

定价决策二：确定市场需求

一般来说，产品价格越低、需求越大；价格越高、需求越低。而估计消费者需求的方法通常有以下两种：

（1）**了解顾客对价格会作出什么反应**。顾客通常会藉由比较产品的不同价格和判断某商品的使用价值或利益后，再来决定他花这个钱值不值得。在定价决策过程当中，能收取的最高价格是顾客感知到的价值，最低价格是产品的可变成本。

（2）**模拟销售**。利用新品上市前的一段时间，将新品投放到不同城市、不同渠道进行展销或试销，通过实验调查，快速了解消费者对价格水平的不同反应。也就是说，先以不同的价格试验看看，消费者对其的反应如何，然后扩大销售时，再做最后决定。

定价决策三：估计成本

市场的需求在很大程度上决定着产品的价格，并确定最高价格限度，而成本则是价格的底线。要制订价格，应要考虑产品的所有生产、分销和推销成本，还要考虑公司所作努力和承担风险的一个公平报酬。因此定价时，估计成本是很有必要的。

定价决策四：分析竞争者的条件

定价不是漫天喊价，当然更不是喊出来就会有人接受，定价策略中很重要的一点便是分析竞争者的成本、价格和历史定价行为，这有助于准确的制订新品价格。但需要注意的是，这个参考点，它不一定代表顾客也愿意支付相同的价格。

调查竞争商品的历史价格行为，对于了解竞争对手的经营目标非常有帮助，比方说，如果某品牌并没有过度的、频繁降低价格，那么这说明它的经营目标看上去是利润导向的。此外，调查竞争商品的历史价格行为，可以帮助决策者看到竞争对手下一步可能要采取的价格调整行为或反应。

定价决策五：选择定价方法

价格似乎是横在商家与消费者之间的一堵墙，墙的高低直接影响了双方的对接与交流，厂商应构筑多高的墙，才能既保证收益不受侵害，又能使消费者心甘情愿地跨墙而过，与厂商牵手呢？

建筑价格之墙一点都不简单，方方面面要考虑的事情相当多，那么，该如何拟定定价策略呢？在此介绍三种方法，与大家分享。

定价法	意义	做法	案例
产品生命周期	根据产品所处的不同生命周期，制订不同的价格标准	即新产品走高价路线，二线产品定中价，三线产品走低价路线	手机业者会推出不同功能，不同价位的手机，端看消费者需求，自行决定要购买哪种价位的手机
市场竞争地位	根据企业所处的市场竞争地位，确定其产品的价格区间	准确地判定企业的竞争地位，以及找准市场平均价格水平	如百事可乐与可口可乐在定价上即是采用这策略。两者相互竞争，相互紧盯
功能分解	给客户更多的产品选择和价格选择	将产品的诸多功能模块进行分解或组合，从而使产品在功能上有所不同	比如说，你去发廊烫发，翻开产品目录单，价格从300多元至1800多元不等，你可能会听从设计师的建议，不选价位最高也不选最低的产品，而是经过推荐，中等价位的烫发液

影响企业定价的因素

因素	内容
内部因素	1．企业的营销目标 2．企业的营销组合 3．产品成本
外部因素	1．市场结构 2．市场需求的价格弹性 3．市场竞争 4．相关政策 5．其他外部环境因素

以面包店定价定位竞争策略为例

面包店各类烘焙产品价格的高低，向来就是顾客最敏感的话题。

由于烘焙产品的口味、造型、品种不断经由各地烘焙技术者研发创新而日趋庞杂。因此，面包店经营者对各类上架销售烘焙产品的定价、定位策略，总习惯根据当地消费环境及同营销售趋势，调整各类烘焙产品销售的价格，以迎合当地消费市场。

面包店的产品价格是否适中？是顾客决定是否进门选购及评价面包店的要素之一。

面包店经营者除了要维持烘焙产品质量、口感、风味、包装及服务水平之外，各类烘焙产品的销售量、回转率、竞争力、利润率的多寡，也间接影响各类产品生产计划及产品生命周期的长短。

那么，假设我们从面包店开业日那天算起，到若干年后，在众多烘焙产品中，平常仍为顾客接受并购买的品种，究竟会占有该面包店全部种类（曾经上市销售）的多少百分比呢？也许，这项品种上架销售比例的分析是微不足道的话题，但这项资料确实可作为面包店经营者未来生产计划及营销促进的参考依据之一。

面包店经营形态的规模不在于大小，俗话说“山不在高、有仙则名，水不在深、有龙则灵”，小型面包店只要具备个性化、魅力化、特色化经营风格，照样可在经营的商圈，受到消费者支持与追捧，创造丰盈利润。

因此，面包店经营者在决定产品零售单价之前，下列三点需要先思考，才能逐渐构筑更多长寿产品出现在消费市场上：

- 是否真正掌握当地顾客消费习性、口味及对购买产品的嗜好？
- 本店整体营业风格、产品口味、包装及价格，能否对顾客产生十足吸引力？
- 能否提前规划产品定位定价策略，藉以符合本地顾客购物习惯？

| 营销VS职场 |

你知道自己有几两重吗？

既然你在职场中被定位为“商品”的一种，那么你知道你在别人眼中的“定价”是多少吗？你又要怎样提高自己的身价呢？

基本上，大公司都会有一套可依循的薪酬标准，人事部门会依照你的学历、经历以及表现、职务加给等条件，决定要给你多少的薪水，除了这些公开、广为人知的薪资计算标准之外，我们还能运用哪些方法让自己的薪资翻几番呢？

首先，你要对自己的能力有深刻认知。问自己三个问题：是否发挥了自己的才能？是否能够胜任这份工作？对公司而言你是否仍有利用价值？

再次，思考公司的发展前景。公司只有赢利的时候，加薪才有可能，若公司也处于困境或是刚刚起步，那就得把加薪的愿景努力转化成工作的动力了。

你自身的优势在哪里？你能够为公司创造多大价值？答案，就是加薪的关键。如果每位职场人士可以将自己的生涯发展与企业的发展结合到一起，以自己与公司的共同发展作为工作的长久目标，那么加薪也不过是事业上升的一种表现。当工作业绩达到一定程度必定为公司带来了相关效益。实现了这个目标，也就达到了加薪的前期准备。

课后重点整理

| 科学定价是取得成功的重要条件 |

价格作为一种十分复杂的经济现象，它不仅涉及到企业经济活动的各个方面，而且也影响到一种产品、一个企业生存和发展的整个过程。

因此，营销活动中的价格并不仅仅意味着定价方法与技巧的简单组合，而是要将企业整体的价格工作作为一个系统来加以统一把握。

价格策划的成功与否、水平高低对企业经营的成败有着决定性的影响。

在商战实践中，我们不难得出这样一个基本结论：在很多情况下，即便企业的产品内在质量很好，外形设计也较先进，但如果缺乏价格与产品策略的协调，竞争的结果仍可能是灾难性的。因此，科学的定价策划可说是企业经营要取得成功的另一重要条件。

10 LESSON 如何制订营销预算，做好成本控制

营销是门技巧性很高的工作，在现实生活中，几乎不存在不花钱就能取得成功的营销案例。因此，如何以最少的预算，达到最大的营销效果；或者说，如何计算营销需要的花费，然后将每一块钱的营销预算，发挥最大效果，便成了营销界人士普遍关注，且不得不加以认真解决的大问题。

课堂学习重点

1. 什么是预算？
2. 以创意为导向的营销，该怎样与精算为主的预算相结合，创造双赢？
3. 编制预算前要准备什么？怎样拟定预算？ 如何控制预算？
4. 如何审核预算有无超支？是否花在刀口上？
5. 有哪些低成本的营销方法可供利用？

成本是有限的，资源是有可能穷尽的，如果没有足够的银弹，营销人员很快就会在市场上败下阵来。

尤其是营销领域的新手经常犯下这样的错误：一味想求最好的表现，所以心中完全没有底地胡乱开立营销项目，等到进行成本估算，甚至结果评量的时候，才发现居然超支许多，投资报酬根本划不来。

于是经常有人以不同形式问这样一个问题：“我该在营销上花费多少呢？”或者会问：“在我这个行业的其他公司，营销上的开支，应占销售

额多少比例呢？”

通常很多营销人员，当然包括老板在内，总是担心在营销上面花得太少，可能让效果不彰，但又因营销常被视为费用而不是投资，所以又不想花得太多。

那么应如何建立营销预算呢？

不论企业负责人或者营销人员，当然可以查阅相关报告、贸易协会调查结果或其他资料，找出自己所在那一行的营销费用与销售收入比例的平均数，但坦白说，由于每个公司、每个营销企划案、每个目标市场甚至与每个情节都不尽相同，实在很难用单一标准套用在每一个案例中，酌情审视，才是正确的方法。

第一次建立营销预算就上手

上述的回答对懂得打破砂锅问到底的营销人员来说，可能还是太过笼统。其实简单地说，还是有一些精算营销成本，规划营销预算的方法可供参考。

首先，营销人员应该每年从零开始建立预算。

通过这个过程，营销人员将得出要达到该年目标所需的准确开支数目。从零开始计算要花不少精力，但这是保证善用财政资源的唯一方法。

以此方式编制营销预算，营销人员必须从制订营销计划开始着手，然后在计划中建立营销目标、为达到这些目标所运用的策略，和执行这些策略所必需的方案。在一边添加方案细节之中，一边建立预算。

一旦你在营销方案贴上价牌，你就知道要实现目标需花多少钱了。接下来还要跟营销人员强调两点：

第一，你必须估计将从新顾客那里取得的增长利润，如果不是大于发展该业务时所花的钱，那么最好重新衡量你的目标或寻找成本更低、效率更高的策略。

第二，你要检讨每个营销方案的结果，判断方案是对你的利润做出贡献？还是损耗利润？检讨结果还将帮你免于重蹈覆辙。

最后，记住建立营销预算不应跟风，要着重自己的需要，才会达到自己目标的。

什么是预算，为什么需要有预算

预算的准备、管理与控制是每个成功生意所必备的，不管预算涉及的是市场与销售领域、生产领域，或是生意的任何其他环节。营销预算也就是计划，即为了某特殊的目的，把特定的一段时期内营销活动所需开支的费用详细列明出来。预算控制体系包括：

（1）一份预先制订的详细计划，可用作一段时期内公司财力对不同营销活动投入量的依据。

（2）一份与开拓市场活动有关的用款计划。

（3）一种正式的体系，并可根据条件的变化对其进行调整。

（4）一个依据，可据此对实际成绩做出评判。

营销预算的作用在于迫使营销负责人员做出计划，然后营销人员对准备采用的营销活动做出裁决。预算的作用还在于它能够对各种营销活动提供必需的款项，且保证这些款项的合理使用，预算还可被用作检验结果的标准。

既然大家没把促销预算看成是无意义的支出，那么我们就必须正视预算的准备工作以及什么是预算，如何做预算。不论是营销或者企业，最重要的任务在于计划、管理和控制共有资金，而要做到这一点，最主要的方法就是做好预算。

营销预算是共有资金，当然就应遵循其他共有资金的使用规定。与其他各种项目一样，最重要的是要明确促销的目标。当然做预算也应如此，促销目标应包括以下几项：

（1）判定营销所需资金、生产所需资金，以及改进营销活动方法所需的资金。

（2）检视预算资金是否能创造最高价值。

（3）控制预算资金。

（4）及时让管理人员了解目前执行预算的情况。

编制预算前的准备

那么到底该怎样编制预算呢？

正如“营销”没有一个统一的定义一样，怎么编制预算也无规定可循。下面是我们的一些想法和方法，很多实例也证明了这些方法是行之有效的。

如果事先确立了开拓市场的目标，即所应获得的利润，那么决不可盲目搞预算。这个目标既要顾及到公司的全局，也要考虑局部涉及到的促销产品。

要牢记公司出售产品是为了获利，一切计划都要围绕这个中心来进行。预算的任务是要确立营销的目的，再据此来确定营销的类型及其花费。先勾勒出营销目标的轮廓，然后再编制预算。

要想进行有效的计划与控制，首先要搞清楚哪些活动开支可归入营销开支项目；然后，再细分营销活动的各种开支。完成这两步之后，才可开始有效地进行编制预算的工作。在编制预算前，手头当然还要有一些相关的数据，即过去几年里的开展营销活动的资料：有效性是多大，对产品的销售有了多大的帮助。营销人员还应了解该产品目前的情况、公司的现有资金、预期的市场目标、机会和对象。

总地来说，一定要熟悉各种营销方式的策略、方法及其所需的资金。同时明确规范与营销人员的职责范围也非常重要。如有可能，最好拟妥一份供营销人员参考的多层次预算表：一个层次反映维持目前销售现状，一个反映适度增长，还有一个反映实际增长。

轻松做好预算控制

预算控制，也就是按照既定计划检查开支情况，以及衡量其产生的实际作用。我们可把营销预算看成既定计划，而把按照既定计划衡量其所产生实际作用的方法，视为预算控制。

良好的预算控制可不断提醒有关人员，去了解既定计划的执行状况，从而不断加强管理。良好的预算控制还可以随情况变化而调整，并提醒人们注意随之出现的问题。营销预算及控制成本还包括下列步骤.

1．确立公司的营销目标，即所花的钱能销售多少产品，能获利多少。

2．确认目标及策略以使公司能达到预期的目的。

3．决定开支的数目。

4．经常了解现状以应付处理千变万化的情况。

5．提供一个可行的、严格的、正式的框架。

正确记录每一笔由营销产生的费用

每位营销人员都应该清楚哪些活动可以划入营销开支项目。然而，能分清营销的种类并不意味着营销人员就能恰当地做出预算和控制。正确地说，营销人员还要努力把所有的开支列出，并归入既定的项目中去，所有的项目都必须确认其所应包括的开支细目。

比如说，一项有奖征答的营销提议，若涉及到改变现有的包装或者标签，营销人员在最后确定此项预算之前必须对此做出决策，即确认此改变所需的设计及生产费用是否应算作营销开支的一部分。

同样，涉及奖品包装、特别赠券、赠品是否划入包装费之内的时候，营销人员也要做出类似的决策。

营销人员的决策还应明确规范如何处理由营销所需的生产费用。营销人员常常把这样的费用按包装费、生产费、销售费或者市场管理费来处理。营销人员当然可以改变其政策，但应对如何划分这些费用做出决策。

为了对营销费用进行恰当的控制，重要的是要明白这些有关费用都是营销的一部分，所以，也应该予以记录。

销售成本的检查

销售收入实现后，要按月计算销售成本，“销售收入”减去“销售成本和销售税金”，即为“销售利润”。销售成本与利润计算有着直接关系。

销售成本经常出现的错误就是少记或多记销售成本，使销售成本失真，造成利润不实。

产品生产成本是否真实，直接关系到销售成本的真实性，在检查产品生产成本正确的基础上，还要再对销售成本进行检查。

低成本营销有秘招

所谓低成本营销并不是想像中的绝对低成本，而是相对的。换言之，即是营销技巧、营销策略等实施需要的资金，如果有利于整体营销战略和品牌核心，就可以称为低成本营销。

因为，这样的营销投入能够得到充足的补偿，而且能为企业带来销售的增加和持续的利润源。

比如，一个品牌为一个系列产品投入一千万的营销费用，如果能够为企业创造一亿以上的销售收入，同时又有效地塑造一个流行畅销的品牌形象，那么，这个投入就属于低成本营销投入。因此，判断企业营销行为低成本与否，关键是看它的投资回报率。

方法	解说
产品传播	质量不仅包括产品质量，还包括功能、设计、概念、包装等，要保证传播力，信息的差异化是最重要的
口碑传播	品牌与商品的价值和内涵是通过服务来体现、经由口碑来传递的。口碑与服务是连为一体的，先有服务后有口碑
公关传播	策划和利用一些事件、人物、话题与媒体形成共同的关注点，让企业自然地被推为行业中的活跃分子、领军人物甚至是意见领袖
事件传播	突出特征是吸引眼球，能在瞬间引起公众的广泛关注和高度参与，是建立与扩大品牌知名度的有力措施
体育营销	体育与事件有相同之处更有不同之处，它具有更多的贴近性、参与性、记忆性、长期性，甚至还有些民族情结的煽动性

分众传播	当还不具备对定位的所有消费者广而告之时，不妨对那些最有价值的消费者进行品牌转播。充分利用人们的从众心理，让一群人去影响另外一大群人
新媒体传播	例如手机媒体、关键词广告、E-mail营销等，只要关注和研究新媒体，就一定能找出适合的低成本传播途径

| 营销VS职场 |

不要吝啬付出学习需要的成本

不花任何一毛钱的营销，基本上不存在于这个世界中，而营销要花的钱，就是所谓的“成本”！套用在职场中，你如果想要获得不错的发展，领到丰厚的薪水，某一方面来说，你必须投资自己，投资的方法有很多，不外乎是金钱或时间，而投资自己用一个更为理解的词句就是：学习与培训。

学习的方式与成果有很多种，包括上课、看书等等，而时下最流行的学习方法便是通过测试，取得证照，除了法律、会计、医疗等行业要有证照才能执业，目前包括金融业、信息业、房地产业、美容业、餐饮业、健身业等等行业都逐渐走向“证照化”。如果你的学历条件较差，专业证照可弥补学历的不足。

培养专业技能也是选项之一，在校期间所培养的专业，只是你踏上专业之路的第一步，许多行业所特有的专业技能，学校无法提供，只能在工作实践中学习。所以，在最初的学徒期，薪水待遇是其次，学习机会才最重要，要把工作当成学校的延伸，把主管和资深同事视为良师，像海绵般虚心学习，专业技术的马步才扎得稳。过去所谓“一技之长”，现在成了“一技之短”，因为单一技能的人才过剩，如果能跨领域培养多重专长，将可拉开你与竞争对手的距离。

课后重点整理

丨预算制订的好坏影响营销运营丨

营销成本是指企业由产品、最初所有者到最终所有者的营销过程中，花费的代价，是企业利润的必要投入。包括信息成本、设计成本、谈判成本、契约成本、运营成本、税收成本、协作成本与诉讼成本等。

所谓营销成本预算是企业营销收入及各项营销费用支出计划的统称。

它是在预测企业计划期内销售量、销售价格以及销售收入，并确定未来营销成本和费用水平的基础上，预测出企业未来利润水平，以确保企业营销目标的实现。

营销成本预算是营销运营成本管理的一个非常重要的环节。所以预算制订的好坏将直接影响到营销系统的正常运营，不可不注意。

11 LESSON 渠道为王的时代来临：找出最适合的销售渠道

在市场的产品和消费者之间的繁琐过程，即是营销人员与企业最为关心的销售渠道问题。没有渠道，商品就无法陈列，也没有卖出去的渠道，但就算有了渠道，也不见得适合每一种产品陈列，因此掌握销售渠道，并且了解其中的眉角，是每个营销人员都应该做好的功课。

课堂学习重点

1. 什么是销售渠道？销售渠道有哪些特征？
2. 好的渠道有什么功能？
3. 该如何拟定渠道的战略性？
4. 营销渠道的基本要素有哪些？

所谓销售渠道是指产品从生产者向消费者转移，所经过的通道或途径，它是由一系列相互依赖的组织机构组成的商业机构。即产品由生产者到用户的流通过程中，所经历的各个环节连接起来形成的通道。销售渠道的起点是生产者，终点是用户，中间环节包括各种批发商、零售商、商业服务机构（如经纪人、交易市场等）。

销售渠道的特征

1．起点是生产者，终点是消费者（生活消费）和用户（生产消费）。

2．参与者是商品流通过程中各种类型的中间商。

3．前提是商品所有权的转移。

好的渠道让商品所向无敌

众所周知，好的渠道运作模式，可以有效缩短招商进程，促进市场的启动与拓展。对于各类消费品企业厂家来说，渠道是越来越重要，而对于成长性的中小型消费品企业更是如此。

市场上到处都是人，消费者遍地都是，但谁是产品的最终消费者呢？茫茫市场人海中，产品到达消费者心中及手中所要跨越的桥梁是什么呢？又该如何到达呢？

这就是一般企业的市场渠道建设（或称渠道建设）问题，而在实际的市场操作中，企业又往往拘泥于渠道中各种繁琐的细节事务当中，因为处于成长中的中小企业，往往易被成长的快速发展冲动所迷惑，且没有成熟大品牌的渠道管理模式，因此，只有明确渠道建设中的各种问题本质，才能促进企业在渠道建设中更加顺畅。

渠道的战略性要明确

如果你的营销失败了，很大的一部分原因是你的战略错了。

渠道建设是营销战略落实到位与否，不可缺少的过程，也是利润的运输纽带，即渠道一定要畅通。所以，渠道的战略性问题就表现在渠道方向性上，亦即要多方思考：这个渠道模式符合企业的实际运营能力及品牌的发展需求吗？这种渠道模式的方向能到达目标消费群体并带回利润吗？

如果渠道不通，务必及早发现原因，才有利于在渠道建设中少走弯

路。以下便是几种常见渠道不通的原因

（1）不同品牌间的同一渠道之争。

（2）同一品牌的渠道内部冲突。

（3）渠道上下游的冲突。

通常，面对渠道问题，营销人员与厂商双方大多通过确立共同目标、加强渠道合作、加强信息沟通、决策权的明晰、规范销售行为等方式，作为对渠道冲突的管理。

影响营销渠道选择的因素

营销渠道很多，有传统的商铺，也有新颖的网络，那么什么样的产品该选择哪种渠道呢？相关的重点如下：

1．目标市场

目标市场的状况如何，是影响企业营销渠道选择的重要因素，是企业营销渠道决策的主要依据之一。市场因素主要包括：目标市场范围的大小及潜在需求量，市场的集中与分散程度，顾客的购买特点，市场竞争状况等。

2．商品因素

由于各种商品的自然属性、用途等不同，其采用的营销渠道也不相同。主要包括：商品的性质，商品的时尚性，商品的标准化程度和服务，商品价值大小，商品市场寿命周期等。

3．生产企业本身的条件

主要包括：企业的生产、经营规模，企业的声誉和形象，企业经营能力和渠道经验，企业控制渠道的程度等。

解决销售渠道障碍的方法

有时候销售渠道太多也不是件好事，因为这会打乱营销的布局，那么该如何解决销售渠道产生的障碍呢，以下是几点简单建议：

方法	说明
渠道一体化	简化现有渠道中的成员组织和厂家的关系，降低交易成本、终端零售价格等
渠道扁平化	传统多层级的金字塔渠道模式，使得厂家难以有效地控制渠道
约束合约化	以合约的方式使得监督的严格力度化、法制化
包装差异化	通过文字标识、商标色彩、印刷条形码等的差异化应用解决一定程度上的窜货乱价问题
渠道区域化	如划分经销商业务地区，建立中间商和零售商等客户的详细档案，保障各级商家利润的价格体系管理等
促销策略化	即要制订现实的营销目标，制订完善的促销政策，及良好的售后服务等
营销队伍的建设与管理	渠道之间的沟通都是人在工作，所以，在人员的招聘、选拔和培训方面一定要严格把关

| 营销VS职场 |

进入网络营销的发现之旅

先前我们曾经提到，在职场上，自己就是最需要推销的商品，那么根据这定义，有哪些是可以自我营销的渠道呢？在因特网发达的年代，毫无疑问的博客、社交网络、微博等等，都是提升自我形象与知名度的重要工具，个人博客已经成为重要的传播力量，博客传播的基本特征即是以个人为中心，这种表达和传播的渠道与方式，决定了它的特殊性。它表现个性化，受众小众化，内容富有知识性，在传播过程中具有高效率的发散性，即具有意见领袖性的导向性、口语传播及病毒营销能力。

通过这些崭新而且没有进入障碍的渠道传播，正是可以让别人看见你、认识你、了解你、接纳你的现代化利器。

课后重点整理

| 发挥销售渠道的影响力 |

所谓渠道影响力，是指基于生产企业的经济规模、市场份额、品牌忠诚度、特许经营等因素的影响，而在渠道中形成的对渠道成员的影响和控制程度的大小。

一般来说，销售额规模大，市场占有率高或者资产雄厚的制造商都具有很强的讨价还价的能力，渠道影响力大；渠道成员的品牌忠诚度越高，制造商的渠道影响力越大；同时制造商也可以藉由奖赏力、惩罚力和合法力来增加其影响。

备忘录
Memo

12 LESSON 营销与广告媒体的恰恰舞步

广告目的不外乎为促进销售、改变消费者的态度、提升社会形象等等。简单地说，广告自始至终都是市场营销的工具。广告的方式很多种，营销人员要学的是，好的广告能帮产品加分添色不少，让营销更为顺利上手！

课堂学习重点

1. 什么是广告？广告的功能是什么？
2. 广告与营销的关系？
3. 什么是好的广告？广告应该发挥哪些功能？
4. 广告策略的要素应包括哪些？
5. 营销人员在做广告时，有哪些错误要避免？

广告是什么？我们知道广告（Advertising）最初的涵义是“通知别人某件事，引起他人的注意”，后来由于广告媒介的丰富、形式的多样化、战略和战术的不同趋向，以及认识角度的差异，形成了各种不同的理论流派。

无论人们持什么样的观点，都必须归结到一个最核心的点上：“与受众进行有效的沟通。”

广告某方面与战争很类似，如果说战争是利用暴力来迫使对手解除武装，那么广告就是运用一种有别于战争暴力的精神意志，来与受众的思想武装进行较量，直至使其屈服于我方的意志之下。

广告始终为市场营销服务

换上另外一种说法，广告目的不外乎为促进销售、改变消费者的态度、提升社会形象等等。简单地说，广告由始至终都是市场营销的工具。

广告像战争一样复杂多变、难以掌握。来自于各方的干扰和不确定因素太多，包括竞争对手的广告攻势、不断变化的市场环境等，尤其是消费者喜新厌旧的坏习惯以及难以琢磨的心理环境。

做广告之前，要设定好目标，所谓的广告目标包括三个方面：

其一，必须尽量消除受众对广告的抗拒心理。因为不消除这种抗拒心理，广告说什么都是徒劳，就算是完全免费的产品公众也未必会相信。反之，那些因为创意太出色而将产品淹没的事件也是历历在目。

其二，必须使消费者觉得除了广告产品，没有其他更好的选择，让消费者充分认识产品的优势。

其三，不断施与友好的情感和刺激，以形成默认和忠诚的态度，只是切记没有永远的忠诚，你应该持续努力。

广告不等于强迫推销

无论是广告人或广告主，都一心想着藉由对消费者的说服将产品推销出去，然而，却是这些意欲强加给消费者的观念和做法，加上广告无休止的重复，引发了人们普遍的反感。广告在没有开始说服之前，就把消费者看成了被说服的对象，在这种对立的状态下，营销人员愈是强硬推销，愈是适得其反。

那么广告的重点应该放在哪里呢？专家认为关键词在于：“反应”。相较于“反应”，“共鸣”是另外一个意义相近，但内容却不太相同的词汇。

两者的差异在哪呢？通过一个简单的例子就可以知道了：

在日常生活中，我们对某一事物的认识，可以通过老师的教导或书本等途径而得到。他们相当直截了当地告诉你某事物的真实面貌，你只需要去接受就可以了。

但如果你是运用自己的智慧和潜心研究而发现事物的真相，所获得的情感体验程度要比被动接受更加震撼，甚至可能因为激动而出现手舞足蹈、声音发颤、血压飙升等生理反应。“反应”的优势是明显的，“共鸣”把受众视为相对被动，“反应”则强调受众的参与度、主动性和积极性；“共鸣”引发的的情感体验是相对静止的，“反应”则是充满运动的、爆炸性的。“共鸣”只是共鸣，“反应”则可能产生惊人的、意想不到的效果。

至此，我们做出一个结论，对营销人来说，要做广告，就要做引发受众情感反应的广告。

广告策略的要素

广告策略是指在特定时间段内，广告主为了推销自己的某项产品和服务，根据市场态势和环境而制订的行动方针和竞争方式，在实际操作中必须包括以下四个基本要素：

1. 广告策略必须能提供消费者的利益，或解决消费者的问题。
2. 广告策略所提供的利益和所承诺的问题解决方案，必须是目标受众所需要或所期待的。
3. 产品或服务的品牌名称必须和所提供的利益，或问题的解决方案紧密结合在一起。
4. 广告策略所提供的利益或问题的解决方案，必须可以通过媒体广告，准确地传递给目标受众。

广告营销的8大地雷

广告作为一种信息传播与营销的手段，已越来越为企业所重视与应用。然而，经常有出钱的老板说：“为什么我投了这么多的广告，产品还是卖不出去？”也有的老板说：“我不知道我们的广告究竟有没有效果”，“我的广告费有一半是浪费的，但问题是我不知道浪费掉的是哪一半？”

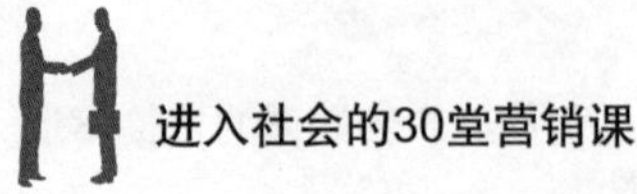

针对上述问题，我们分析总结出常见的广告8大地雷。

1．把广告当救命手段

当产品滞销即将要被市场淘汰时，企业决策层才决心做广告，但这为时已晚。

正确的做法是，当产品出现在货架上时，广告就应该跟上了，不同的市场销售阶段与目标消费人群，广告形式也应随之变化。

2．把便宜当好货

有些企业单纯从降低广告成本的角度出发，而忽视了广告效果，他们专挑低价位的媒体投放广告，但广告效果不甚理想，产品依然销不了，广告费打了水漂。

3．广告没有系统性

有些企业也知道市场要靠广告来支持，但对广告的认识还停留在可有可无的低级程度。想起了就做几次广告，资金紧了就首先抽掉广告预算，始终处于一种盲目的状态。

广告是一个系统的工程，从前期的策划、市场调查、制订广告策略、广告制作、到后期的媒体策略、投放策略，缺一环节就易出毛病，就会造成资金和时间的浪费。

4．广告诉求不准确或诉求过多

有的产品花了大量的广告费，但消费者始终不知道该产品是做什么用的。不知道有什么用，消费者当然不会去购买这个产品了。

广告一定要谨守单一诉求，消费者从一个广告里只能记住一个强烈的概念。

5．广告投放不按计划进行

任何一个新产品的上市，必将经历一个“培育期、成长期、成熟期、衰退期”的过程。一定要按照计划合理地安排广告资源，坚持广告投放，并要有足够的耐心。

6．盲目选择广告代言人

成功的品牌在寻找它的代言人时，是非常慎重的。首先要非常明确你的产品是卖给什么人？其次，还要注意拟请的广告代言人在这些目标消费人群中的偶像地位或影响力，目标消费人群对偶像的模仿程度等。

7．广告投播前不作测试

广告在投播前一定要作必要的消费者测试。一般的方法是找一群与产品相关的目标消费人群，让他们连续看一组广告片，找出其中记忆点最深的广告及广告诉求，如果就是你的那支广告，那这支广告片就成功了。反之，就考虑是否重拍一支了。

8．广告投播后不予评估

广告效果的评估需要聘请专业的调研公司或专业的研究人员来进行。因此，对广告主来说，需要了解、决定的不是用什么方法评估，而是评估什么，以及何时进行评估。

简单地讲，广告投播后不进行有效的评估，就相当于读了书而不考试一样，你始终无法知道你究竟得到了什么。

正确的广告诉求有方法

正确的广告诉求应遵循以下几个要点：

方法	说明
理清产品所处的阶段	一个孩子还没学会走路，就先别急着让他奔跑。很多企业的产品在打广告时，却容易犯这样的毛病，在没有理清这个产品处于市场推广中的哪一阶段的情况下，就盲目模仿其他产品。作为一个新品，如果不清楚自己所处的市场阶段，不进行针对性的广告诉求，就会犯刻舟求剑的错误，而这种错误每天都在媒体广告中上演
诉求与产品属性不能脱节	常规产品的心理属性有两种，即感性产品、理性产品。所谓感性产品，即消费者在购买时的消费心态是不需要深思熟虑即可达成购买的产品，如小零食、饮料以及一些价值较低的产品。所谓理性产品，即消费者在购买时的消费心态是很谨慎、需要经过深思熟虑才会做出购买决定的产品，如药品或一些价值较高的产品如电器、房地产等。总之，广告诉求不能与产品的心理属性脱节

|营销VS职场|

不放弃任何露脸的机会

广告与促销是促进产品销售量的催化剂，在职场中，广告与促销当然也是重要一环。所谓的广告，就是广而告知的意思，在职场上达到广而告知的渠道与方法千百种，不管在会议报告上、私下交流中，都是积极职场人可以把握的表现舞台，有很多积极开展市场活动和勤做广告的职场人，至少在知名度、曝光量上都获得不错的绩效，在这个作秀至上的年代，知名度就等于含金量，美国知名房地产大亨川普不就说了，有了知名度，赚钱可就更容易了！曾为摩根大通证券、迪斯尼、高盛、思科等公司担任领导与沟通顾问的美国佩姬·克劳斯女士（Peggy Klaus）有句名言："秀出自己是你个人的责任，你必须让人家知道你是谁，以及你做了些什么事"；另外一位学者迈克尔·戈德海伯先生（Michael Goldhaber）对此亦有一段高论，"获得注意力就是获得一种持久的财富。在信息爆炸的新经济下，这种形式的财富使你在获取任何东西时处于优先位置。因此，注意力本身就是财富。"

课后重点整理

|广告要突出商品特色|

想想你买东西的时候，或者与对方讨价还价时，是怎么决定要不要购买某件商品的？是什么最终促使你掏腰包？

原因可能是以下几点的其中之一：需求、廉价、无法抗拒的好处。

如果这种产品没有你想要的好处，低廉的价格也就变得毫无意义。问问你自己是否是以产品的特色还是好处为卖点，如果你没有首先想到好处，那么立即改动！

事实上，如果你没有把好处放在广告标题里，请马上修改以突出产品的好处。除了品牌名称会让人记住，产品的好处是与消费者沟通的关键一点，因为它不仅仅会让消费者记住，它还是他们购买产品的原因。

13 LESSON 决胜战场：全方位的整合营销

整合营销就是为了建立、维护和传播品牌，以及加强客户关系，而对品牌进行计划、实施和监督的一系列营销工作，整合就是把各个独立的营销综合成一个整体，以产生协同效应，这些独立的营销工作包括广告、促销、公关等。

课堂学习重点

1．什么是整合营销，整合了哪些内容呢？
2．整合营销的特征是什么？有哪些优点？
3．整合营销可以利用的工具、领域有哪些？
4．整合营销与企业战略该怎样结合？
5．整合营销的整合顺序为何？

随着时代演进，愈来愈多的营销技巧被归纳整理出来，但由于市场的瞬息万变，营销人发现单一营销手段已经无法应付包罗万象的市场了，因此，综合、汇集了诸多渠道与方法的“整合营销”，最近几年也被愈来愈多的营销人所采用，很多企业的品牌经理也把整合营销调整到日常工作中，作为重点方式方法加以分析与应用。

其实，整合营销的趋势是市场经济和网络技术发展所致，随着媒体媒介的多元，营销人员更需要运用不同的工具，借力使力，截长补短，发挥其他营销渠道的影响。

整合营销的特征

1. 在整合营销传播中，消费者处于核心地位。
2. 对消费者深刻全面地了解，是以建立数据库为基础。
3. 整合营销传播的核心工作，是培养真正的消费者价值观，与那些最有价值的消费者保持长期的紧密联系。
4. 企业不管利用什么媒体，其产品或服务的信息一定得清楚一致。
5. 以各种传播媒介的整合运用作手段进行传播。凡是能够将品牌、产品类别和任何与市场相关的信息传递给消费者或潜在消费者的过程与经验，均被视为可以利用的传播媒介。

整合营销的优点

1. 符合社会经济发展潮流及其对企业市场营销所提出来的新要求。
2. 有利于配置企业资源，优化企业组合，提高企业的经济效益。
3. 有利于企业更好的满足消费者需求，有利于企业的持续发展。
4. 有利于从观念到行为的整合。
5. 有利于企业上下各层次的整合。
6. 有利于企业各个部门的整合。
7. 有利于营销策略的整合。
8. 有利于企业长远规划与近期活动的整合。
9. 有利于企业开展国际化营销。

广告、公关、媒体三效合一

品牌营销中所谓的“各种方法”基本上都是基于媒介完成的，尤其是传统媒介，比如电视广告、广播、报纸广告、杂志广告、网络广告等，然而有两个因素使得企业广告主越来越发现传统广告模式逐渐力不从心。

其一是自身行业的激烈竞争，有太多的同类商品和服务需要消费者接受并为之买单，为了能让自己在竞争中脱颖而出，营销手法上需要不断创新，加强，再创新，再加强。

其二则是媒体行业的竞争加剧。传媒经济与传统商品经济不同的地方就是卖方竞争越激烈，买方的成本就越高。尤其在更多的媒体出现后，使媒体与媒体之间的竞争更趋白热化，使得媒体的客户（广告主）觉得宣传成本越来越高。在这两个因素共同作用之下，促使营销人与企业更进一步加大广告投放力度，为了使自己的产品或服务能够脱颖而出，这个力度包括投放的媒体范围和投放的次数，很多营销人与企业都这么做，使得这个世界充斥着广告，反而造成受众消费者群体的厌恶或者下意识地忽视广告，显然这直接影响到企业广告主最终的销售量。

受众消费群体的反应，又不得不使企业广告主再加大投放力度，于是，一个恶性循环就此形成。

因此，新媒体、广告、公关三者必须相互契合开展作业，这才是整合营销的精髓，整合营销讲究的是媒体投放精准化，市场营销效果化，并在广告，促销，公关三者之间平衡权益，找到实现的最佳方案。至于整合营销的工具则主要包括：广告、促销、直销、宣传与公关、赞助、展会、包装、商品交易、口头传播、电子营销及体验营销等。

整合营销需与企业战略结合

整合营销传播是非常重要的，但实现起来，却是非常复杂的系统工程。而认识到整合营销传播对企业经营的重要性，更是实现整合营销传播最重要的基础。

对于大多数企业而言，整合多种营销推广模式，是现实的可行之路。电视、广播、报纸、网络等大众媒体，还有专业媒体、事件营销、DM、口碑传播、形象展示、公共关系管理、电话营销、服务营销等等，如果能灵活运用，还是可以起到立竿见影的效果。这可以被称为实现整合营销传播的初级阶段。

真正的实现整合营销传播，就必须和企业的长远战略结合起来考虑。要以消费者的需求为导向，设定自己的发展方向，逐步建立自己的核心管

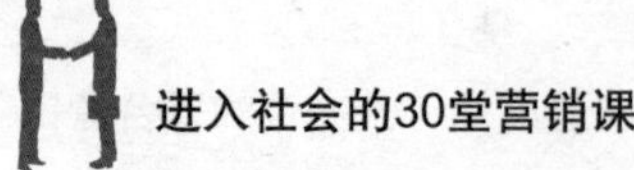

理能力和技术能力，将企业的使命和市场需要对接，整合传播企业。没有核心能力的企业的整合营销传播，只能称之为炒作或者跟风。

总之，实现整合营销传播是一个永远值得追求的艰难目标，是一个长远的，与企业战略、与企业日常经营息息相关的事业。深刻的理解整合营销传播策略，切实稳妥地执行整合营销传播策略，在营销为中心的市场经济时代，已经成为所有经济游戏参与者的必修课。

确实发挥整合营销传播的作用

我们先来看两个曾经名动一时的整合营销传播案例。

美国加州1907年的新奇士（SUNKIST）与铁路部门联合而做的整合传播。诉求点为“吃柑橘利健康，到加州赚钱忙。”这个合作了几十年的广告案例，现在在美国还在继续，充分显示了整合后营销传播的强大威力。

另一个是大家都非常熟悉的万宝路“西部牛仔”的案例。李奥贝纳公司自20世纪70年代就开始采用的视觉形象元素整合办法，对万宝路的品牌形象进行传播，直到今天，李奥贝纳每年仍投入费用，拍摄各种并非现实中的牛仔形象广告。

上述两个案例告诉我们一件重要的事情：整合营销传播不是吸引眼球的工具，更不是曲高和寡的高雅音乐，而是一种实实在在解决企业传播问题的思路与方法。那么我们该如何确实地发挥整合营销传播的作用呢？方法有二，

一是横向的整合，这是浅层次的传播整合；过去企业习惯于使用广告这单一的手段来促进产品的销售，但今天处在信息高度发达的时代，传播手段纷繁复杂，传播渠道本身的信息传递与不同渠道的有机整合。

就要求企业在营销传播过程中，注意整合使用各种载体，达到最有效的传播影响力。只有通过传播渠道的整合，一个品牌的鲜活形象才能够展现在大家面前，对于一个新品牌，一个新产品，如何在最大限度扩大知名度与影响力，更多的需要对传播渠道与网络的充分利用，抓住每一次成名的机会。

二是纵向的整合，即深层次整合，这才是整合营销传播的精髓，因为只有深层次的对企业的传播进行整合，才能将品牌的可接受限度最大化。而品牌的美誉度与忠诚度也都会通过深层次传播整合而来。

整合营销的整合顺序

整合	说明
认知的整合	这是实现整合营销传播的第一个层次，这里只有要求营销人员认识或明了营销传播的需要
形象的整合	第二个层次牵涉到确保信息与媒体一致性的决策，信息与媒体一致性，一是指广告的文字与其他视觉要素之间要达到的一致性；二是指在不同媒体上投放广告的一致性
功能的整合	每个营销传播要素的优势劣势都经过详尽的分析，并与特定的营销目标紧密结合起来
协调的整合	第四个层次是人员推销功能与其他营销传播要素（广告公关促销和直销）等被直接整合在一起，这意味着各种手段都用来确保人际营销传播与非人际形式的营销传播的高度一致
消费者的整合	营销策略必须在了解消费者需求的基础上，锁定目标消费者，再给产品以明确的定位以后，才能开始营销策划
风险共担者的整合	营销人员应认识到目标消费者不是本机构应该传播的唯一群体，其他共担风险的经营者也应该包含在整体的整合营销传播战术之内
关系管理的整合	关系管理的整合就是要向不同的关系单位做出有效的传播，公司必须发展有效的战略

| 营销VS职场 |

"多方布局"让你从杰出到卓越

若整合营销是协助商品在市场上获得不若以往、超凡卓越的方法，我们是否也能把整合营销的概念，移转到职场上，让自己的职场生涯也能获得突破呢？答案当然是可以的，我们将"整合营销"定义成运用手边一切资源，想尽一切办法的话，那么在职场上，尤其是在你已经爬了一段职场阶梯以后，尽你所能的成功意味着你需要做到两件事情：

首先，你需要出众的人际交往能力：认真倾听，说话前应深思熟虑、回报别人的关心和能够策略地处理冲突。

其次，你必须定期认真审视自己，消除你的弱点。比如，如果你和一个人或一群人存在沟通问题，不要怨天尤人，而是要问问自己：我怎样能做得更好？通过寻求匿名和秘密的回馈，确保人们对你讲的都是真话。

如果你受雇于大型组织，可以考虑与人力资源部门接触一下，看看公司提供哪些培训。你可能有机会参加领导力或其他有助于增加你工作能力的开发课程。

但应该铭记于心的最重要事情是，仅仅因为你在某一具体领域才华出众，并不意味着你就应该忽视学习的重要性，就像单一的营销方法，在这个年代已经不管用了，你说是吧！

课后重点整理

| 整合营销需要制度化 |

整合营销传播到底是什么？每个营销人的定义与解释，甚至执行战略一定不尽相同。但是有一点是确定无疑的，就是无论如何天花乱坠的传播整合，落在操作层面上都是细微的点滴，而这需要一点一滴的规范化去操控与把握；没有规范化与制度化为保证的整合营销，必将是失败、短命的，不但不能真正发挥整合营销传播的作用，还会把企业和品牌推向绝路！

14 LESSON 善用公关做营销

公关，是指公关活动与制造新闻及公关广告。简单来说，其效用就是提升、扩大树立企业、品牌的形象及提升企业、品牌的美誉度。

公共关系的基本方法是一种双向沟通，双向交流，双向教育，既有向外的信息输入，缺任一方面都不成健全、完整的公共关系。

课堂学习重点

1. 什么是公关营销？
2. 公关营销的积极作用是什么？为什么可以替企业塑造形象？
3. 公关营销的消极作用是什么？为什么可以挽救企业危机？
4. 公关营销的环结有哪些，该怎样串连起来？
5. 公关营销常见的手段有哪些？

公关营销应该包括运用良好的关系环境，营造有利于企业产品营销的和谐氛围；藉由有效的公关活动，获得消费者的注意和青睐；与客户建立正常融洽的双向沟通联系，吸引稳定其广泛博大的产品消费群体；提供优质服务、公益赞助和媒体宣传多项公关手段，提升产品和企业的良好形象等。

要把所有环节串连起来

公关营销是一种新型态的营销现象，特别有别于传统呆板的被动式交易营销方式，在市场经济环境中，买方市场现象较为普遍，所以用公关营销的观念更能有效地解决产品、服务及市场的综合问题，并能有效促进销售，更能有效地建立和保持企业的竞争力。

那么什么是公关营销呢？

公关营销就是制订并推行系统的沟通策略以吸引、保持以及拓展客户关系，将自己的产品及服务有效并超值地推荐给客户，客户其中包括消费者、内部员工、供货商、经销商、竞争者、公共部门等。

也就是把营销活动看成一个企业与消费者、内部员工、供货商、经销商、竞争者、公共服务系统等及其他社会公众发生互动作用的过程，其核心是建立和发展与这些公众的良好关系，并形成良好的口碑及品牌吸引或崇拜，以形成产品及服务的推广及销售。

广告疲软时，公关出头天

当然投放广告也是一种投资；既然是投资，就希望得到高的投资回报，但随着愈来愈多的企业参与到这种投资，广告的投资回报急剧下降，甚至有些企业在广告投放后并没有获得销售拉动的丰厚回报，当然这不见得是广告的错，但亟欲拓展市场的营销人与企业，必须找到另外一条可发展的路。于是，公关营销便在这样的气氛下生成。

公关具有广告无法代替的特性优势，营销人若替企业主导入公关营销，就可以在销量拉动、品牌建设、渠道发展、新闻控制四个方面解决广告疲软而无法达成的目标。

1. 公关营销能创造良好的企业形象

开展公关营销，可称得上是一种进可攻、退可守的战术。它可以与各种社会力量，例如政府、同业协会、媒体、专家、消费者甚至竞争对手建立良好的关系，使企业有一个良好的生长环境。尤其是企业通过社会公益事业资助，树立企业良好社会形象。

比方说，可口可乐在中国已为希望工程捐款3000万元人民币，捐建52所希望小学，使6万多名失学儿童重返校园。而且可口可乐实施“希望工程远程教育计划”之后，又在中国贫困地区建立20所希望学校，并同时设立可口可乐网络学习中心，为贫困地区青少年带来数字教育和发展的机会，这便为可口可乐公司树立良好的社会形象发挥了重要作用。

2．公关营销能建立良好的企业信誉

对于任何一个企业，信誉历来都是至关重要的。现代企业仅仅建立商品的信誉已经不够了，还必须建立企业的信誉。

公关营销利用强大的传播覆盖力，可以大幅度地提升企业的认知度、美誉度和和谐度，这是形成企业品牌忠诚度的基础，更是营造企业品牌的基本操作工具之一。

3．公关营销能挽救企业危机

企业在发展过程中，常常会遇到各种各样的危机，如经营危机、管理危机、法律危机、素质危机和关系危机等，而采取公关活动就可能化解危机，甚至借助危机处理使企业或品牌形象得以提升。

4．公关营销能低成本启动市场

如果企业没有资金能力藉由广告等促销策略把新产品推向市场时，公关策略中的口碑营销就可以发挥重要的作用。

只要在终端建立沟通体系，由专业咨询、导购、促销人员实施口碑传播，然后再由消费者进行后续传播，这样可以实现企业低成本传播。

双向沟通才能创造双赢

在公关营销中，企业主动和消费者沟通形成互动，并让消费者发现企业及产品之美，或者通过体验产品的方式，让消费者体验企业和产品之

美。只有广泛充分地企业交流，才可能使企业赢得各个利益相关者，特别是消费者的支持与合作并形成销售。

另外，相互合作或换位思考，为消费者着想是公关营销中的双赢基础，对企业及消费者都有益处。公关营销旨在藉由合作增加关系方的利益，所以公关营销最终结果是企业和消费者及关联方的双赢结果，对于消费者或关联方可以享受更多的实惠或支持，对于企业来说，可以增加更多的销售以推动企业的发展。

产品与企业的形象举足轻重

公关营销的具体实施之一，就是开发、制造优秀的产品及服务，然后让消费者喜欢。

任何营销行为的成功，首先建立在好的产品及服务基础之上，产品及服务不光是核心利益的质量优秀，而且产品的包装形象，及所延伸的身份象征和价值认同也很重要，这种对消费者心智的占领足以为公关营销的成功打下坚实的基础。

其次，现代营销不光注意产品的质量更注意企业的整体形象，所以必须运用现代企业的运营机制，进行关联的形象推广及公关营销，使企业在消费者心目中建立足以好的、正面的、进步的企业形象，并足够让消费者产生好感并被吸引。

基本功建立好之后，接下来便是联系销售力量。

各种销售力量要经常性、制度化进行沟通、研讨、培训，这样可以有效地统一执行系统性的营销策略。销售力量同时经常制度化地和客户保持沟通也是必须的，让关系营销中的客户能最大化地享受优秀的产品和服务，所以销售力量的相互沟通与整合决定于公关营销的质量高低。

营销常用的公关手段

方法	说明
攻心为上	人的消费行为是消费意向支配的，消费决策决定消费行为，你要影响消费者的消费行为，首先要影响他的消费决策和观念，所以用你的品牌和形象占领他的大脑是公共关系的关键
制造新闻事件	利用一些偶发事件和突发事件制造新闻事件，创造轰动效应。但制造的新闻事件一定要以事实为基础，而不是伪造，必须符合新闻传播规律，有新闻价值；它不是一篇新闻稿，而是一个活动或一个事件
利用名人效应	名人对公众的影响力比一般的传播效果要好，借助名人效应，能够强化信息的影响力
人际传播个性化	人际传播就要非常注意个性化设计，无论是电话、信函、电子邮件，都要非常有针对性地设计

| 营销VS职场 |

良好人脉让你深得人心

公关要做得好，培养人脉的工作不能少！

在职场上，良好的人际关系对事业的发展有极大帮助，因为不管公司的制度多完善，还是需要各同事配合，只要有和睦的工作环境，同事间亲和融洽，上下一心，才能直接促成业务的成功。所以说培养人脉、做好公关与能否成功的关系非常密切，真的一点都不会言过其实。与同事打成一片，和睦共处的方法，不外乎多跟别人分享看法，多听取和接受别人意见，这样你才能获得众人接纳和支持，方能顺利推展工作大计。你也要时常保持微笑，不管对谁都毫无偏见，并且善解人意，更重要的是，决不要搞小团体，否则无意中会缩窄了你的人际网络，对你没好处。尽可能跟不同的人打交道，避免牵涉入办公室政治或斗争，不搬事弄非，自能获取别人的信任和好感。

最后一点要记住的是，你必须有原则而不固执，你应该以真诚待人，因为虚伪的面具迟早会被人识破的。处事手腕灵活，有原则，但却懂得在适当的时候采纳他人的意见。切勿万事躬迎，毫无主见，这样只会给人留下懦弱、办事能力不足的坏印象。

课后重点整理

| 公关造名，广告创利 |

一个高效的企业营销活动，当然离不开整合营销传播手段，其中，公关与广告，被看作是企业营销传播最重要的工具。无论公关还是广告，在本质上都在担负着为企业与消费者进行沟通的责任，都是品牌营销范畴的概念。

不同的是，广告是企业对公众的单向沟通，强势发布，而公关则侧重于企业与消费者的双向沟通。

公关通过第三方实现了公正性和客观性的传播，并树立了美誉度。而广告通过强势传播、明星效应、概念打造，驱使消费者在冲动中掏出了荷包。

因此，我们可以预测，在未来新媒体为主导的品牌传播时代，公关的特点决定了它的重要性，更多的在于塑造和维护一个好的品牌声誉，而广告则更倾向于被用来直接获取利润。

所以，一个高明的营销人，应该巧妙使用公关和广告实现营销传播的目标：用公关的手段创造并维护好声誉，用广告的手段刺激消费者的购买欲望，并获取丰厚的利润。公关与广告两者若能组合使用，身为营销人的你就可以名利双收了！

15 LESSON 如何评估营销的广告成效

怎样让广告变得更有成效，已成为企业经营与营销活动的重大课题。广告效果的及时评估，可以帮企业发现广告传播过程中的问题，并有针对性的提出解决问题的建议。

课堂学习重点

1. 什么是广告效果？为什么评估广告效果那么重要？
2. 广告效果真的可以估算出来吗？
3. 该利用哪种方法估算广告效果呢？
4. 为了让广告有效，广告应该怎样投放？
5. 减少广告浪费的方法有哪些？

广告作为一种信息传播与促销的手段，已愈来愈为营销人员与企业重视与应用，然而，经常有客户和一些企业决策者对营销人员说："我做了这么多的广告，但不知如何确切评判效果，更不知什么时候、什么样的广告起了作用。"

美国著名商人约翰华纳梅克也感叹到："我知道我的广告费有一半是浪费的，问题是我不知道浪费掉的是哪一半。"

难道真的就无法弄清广告费浪费在哪里？无法知道广告效果的折扣到

底打在哪里吗？

广告效果是可以判断的

其实广告效果是可以判断的。广告效果判断，必须把握几项原则与标准，才能确实地达到目的，否则走偏了方向，依旧途劳无功。

那么到底是哪些原则与标准呢？简单地说，首先要以消费者为中心，也就是以消费者的认知与认可为标准。其次，要把握及时的原则，在广告前与广告中就应测试诊断，以便及时调整修正创意表现及媒体发布计划。当然更要以广告目标为标准，达到预想设定的广告目标即为有效。

什么是广告的效果？

内容	说明
狭义	指广告所获得的经济效益，即广告传播对促进产品销售的增加程度，也就是广告带来的销售效果
广义	指广告活动目的的实现程度，是广告信息在传播过程中所引起的直接或间接变化的总和，它包括广告的经济效益、心理效益和社会效益

诊断广告效果的三方面

内容	说明
广告策略与定位诊断	即判断你的广告关于“向谁说、说什么、如何说”的问题是否准确有效
广告创意表现诊断	判断你的广告创意表现的目标受众接受度和购买动机与行为变化
媒体组合与广告发布诊断	目标受众是否接受所选媒体、媒体覆盖率、媒体发布到达成本率

广告效果的形成过程

从广告效果的形成过程来看，广告效果可以划分为广告认知效果、广告心理效果和广告销售效果三个层面。这是因为，广告对销售的拉动不是一蹴而就的，而是通过消费者的认知、理解、购买逐步实现的。尽管企业关注最多的可能是广告的销售效果，但是缺少对其他两个阶段的研究，广告的销售效果也是很难实现的。

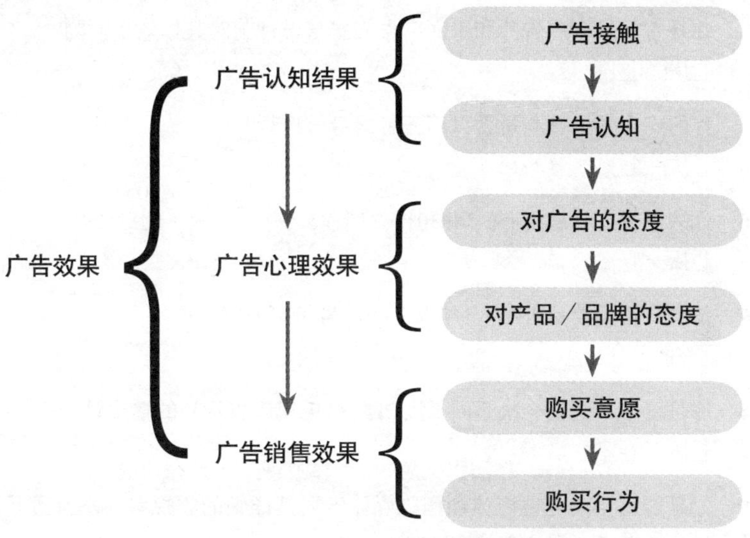

广告效果自我诊断问卷

因此，不论是营销人员或企业主做完广告之后，都可以利用以下这份问卷预测一下广告是否达到了预定的效果。请根据企业的真实情况客观回答下列问题，即在是或否的答案上打“√”，然后统计得分，判断结果。

本问卷是一个一般性诊断问卷，如果营销人员、企业主或企划部负责人能回答出12个以上的“是”，则你的广告效果有可能会较好，但只是可能；如果回答少于8个“是”，则你这次投放的广告费用很可能打水漂，效果好也只能靠一时运气啰。

1．在投广告之前，你有明确的广告目标吗？

□是　□否

2．你是否要求广告代理商作广告效果诊断与回馈？

□是　□否

3．你是否在广告预算中留有广告效果诊断的费用？

□是　□否

4．你是否在发布广告片和平面广告文案与设计前对其作效果预测？

□是　□否

5．你的广告效果诊断是否以第三者的身份进行？

□是　□否

6．你的电视广告是否有2-3套30秒、15秒、5秒不同版本的广告片？

□是　□否

7．本次广告投放是否纳入1年以上的广告策略方案之中？

□是　□否

8．你是否半年调整一次不同长度CF片（电视广告片）的播出计划？

□是　□否

9．你是否每年向电视媒体和印刷媒体索要其详细的收视率、发行量及具体栏目的视听众和读者状况信息？

□是　□否

10．你的报纸广告是否有通盘的考虑，知道该怎样选择的效果最好？

□是　□否

11．报纸广告版面选择是否考虑该版面栏目特点、内容及读者对象和该版面的阅读率？

□是　□否

12．电视广告是否考虑不同时段与栏目的首选对象与收视率的差异？

□是　□否

13．你的户外广告文字是否要人停留8秒钟才能看完？

□是 □否

14．你的电视媒体广告，30秒的时间语言是否超过50个字？

□是 □否

15．你在发布广告前，是否间接监测，或直接到媒介单位了解，竞争者是否在同一时期也密集发布同类产品的竞争性广告？

□是 □否

16．你的媒体计划是否考虑到利用各种不同的长效与短效媒体，现场导购媒体与大众媒体的互补作用？

□是 □否

测定广告效果有秘诀

广告效果的评鉴方式有很多种，营销人员在套用时，可以视状况选择，当然也可以综合多项方法同时使用。以下就是常见的测定广告效果法。

1．实验法

在事前测定与事中测定部分已经涉及到此方法。这也几乎是事前测定与事中测定必用的方法。

采用实验法必须选择与目标销售区域或对象具有类似特征的实验范围与对象。对于接受实验者来说，一切都必须是全新的，不带任何假想地，甚至是一无所知地接受实验，这样才能使所获结果尽量接近真实。

2．问卷法

可以藉由邮寄、报纸公开征集回函或访员上门访问进行。当然，如果能够许诺消费者某种好处，回馈率是相当可观的。

这是一个比较费时、费力的方法，但测定对象覆盖面广，问题可以比较全面地了解。比如，消费者的品牌认知度、品牌忠实度等，都能够有所反应，这两种方法都是从消费者角度来进行广告效果的测定。

3．产品销售效果的分析

这是从广告主内部来测定的。这也是广告主最常拿来衡量广告运动效果的尺度。以产品销售额与广告费用之比，大致可看出广告运动最为直接最为短期的效果。这当中排除了其他影响销售额的因素，所以，销售额增减只是测定广告效果的一个参考，并不能完全准确地反应广告效果。

4．市场占有率变化描述

广告推行前，产品在市场中的位置和力量，与广告推行后，产品在市场中的位置和力量对比。这已是将与竞争对手的关系考虑在内了。此法与分析销售额法极类似，只能作为一个参考因素。

5．利润与利润率的变化比较

广告是为了促进销售，但更深入一步讲，广告应该促进产品的利润实现。销售额是浮在水面上的花，利润才真正是沉在水底的果。事实上，企业能够享用的不是销售额，而是利润。利润率则是衡量付出与得到是否相当的天秤，对广告实施前后的利润与利润率进行比较，在某种意义上比销售额分析、市场占有率描述都要来得尖锐。

广告投放的几个原则

一些企业投放广告喜欢多管齐下，即通过电视、报纸、因特网等多种媒介对同一则广告密集投放，企图达到“1+1+1>3”的效果。那么，是不是广告投放选择的媒介越多、投放的频次越多，广告效果就与投入的费用成正比呢?

答案是未必。

要使广告组合投放的收益最佳，必须掌握以下原则：

1．有效受众扩大原则

任何一种媒介的受众都不可能与企业产品的目标消费群完全重合，因此，企业组织投放广告应该最大程度地互补挑选媒介，即选定一个媒介后，要针对没有包含在内的那一部分消费群，借助其他媒介来完成。这样做的目的是，满足广告发布覆盖最大的有效人群，即企业产品的目标消费群。

2．巩固提高原则

消费者对广告信息产生兴趣、记忆、购买欲望，需要广告有一定的频率反复提醒和巩固。因为受众对一则广告在一个媒介上重复刊播的注意力会随时间而减少，因此需要多种媒介配合，延长受众对广告的注意时间。

3．信息互补原则

不同的媒介有着不同的传播特性，比如电视广告对于吸引消费者的注意力有所帮助，但不能传递太大的信息量，报纸、杂志就可以传递较大的信息量。一般促销活动的信息可以由电视或报纸发布，但促销活动的详细规则便可以由店头海报传递。

4．时空交叉原则

不同的媒介有不同的时间特征，比如电视、报纸发布非常实时，可以连续进行宣传，间隔较短。而杂志一般以月为单位，不宜发布实时的新闻。在媒介组合中，应该考虑时间上的配合。比如电视、报纸做简明的新闻报导式的广告，杂志做深度的软性广告。

总之，无论采取哪种形式投放广告，都应遵循效益最大化原则，即对在各种媒介上发布的广告规格和频次进行合理的组合，以保证在达到广告效果的情况下，节省广告费用。

减少广告费浪费的方法

1．要有阶段性（如新产品上市、某促销期间等）及其更长时限（如年度）的宣传计划，与之对应的是还要具有确保计划实施的执行系统。
2．要防止试一试的态度将自己引向歧途。
3．相信专业的眼光，选择最适合的专业力量。
4．刊播媒体及策略的实效选择与组合。
5．除了根据效果检测作出广告调整外，还要注意对手的举措及市场时势，以便作出一些动态性的调整。
6．把握自己产品的优势之处或某些特殊时机，使广告也广告。
7．其他渠道系统的配合。
8．加强广告执行的监管机制，防堵浪费黑洞。

| 营销VS职场 |

绩效的考核与管理务必公平、并进

考核绩效在民营公司司空见惯、正常合理，因为就跟营销一样，如果不能适当地评估绩效，又怎么能够知道力量是否花在正确的地方，或者有无资源被不必要的浪费了呢。

很多企业的人力资源部门都有考核或管理各阶层人员绩效的一套系统，通称为“绩效考核系统”或“绩效管理系统”，但事实上两者的意义及目的有着非常大的不同。

绩效考核是点，是公司对员工工作的总结和评定；而绩效管理是面，是领导与员工为了工作目标不断沟通，并持续改进的过程。

很多企业目前的绩效工作都只做到了绩效考核的点，只是为了测评员工的完成结果而做的工作，对员工来说没有工作改善的空间，也没有绝对的公平公正，因此内心会有一定的抵触性，考核也不能发挥对员工的激励作用。所以企业需要一套适合企业文化和性质的绩效管理体系，来管理和促进员工业绩的提升。

首先，工作目标应该由领导和下属共同设定，标准必须随状况不断修订，这样才能充分调动员工工作的积极性，并保持业绩的不断增长。

其次，管理应是上下级间持续的沟通。领导需要在沟通中了解下属工作的难点问题，并给予建议和指导，辅助员工目标的达成。并且绩效管理也能起到对管理者监督和促进的作用，使员工和领导共同成长。藉由对员工一段时间内达到目标情况的评定，做出薪酬、奖金、培训和岗位设定等方面的相应调整，才是对员工工作的肯定和最有效的激励方式。

课后重点整理

| 广告效果是左右企业主是否持续营销的关键 |

一则广告能否引起消费者的注意，是否有助于提高广告品牌的知名度，引起消费者对广告品牌的好感，最终达到推销广告产品的作用，这是每一个广告主在广告刊播前都十分关心的重要问题。而在广告刊播后，或整个广告战役结束后，广告主们也都急切地想知道自己从广告中得到了什么，是否达到了预期的广告目标，自己为该广告战役所花的大笔投资是付之东流还是有所回报，而广告效果测评，正是帮助广告主决定是否要刊播该广告，或其广告投资是否值得的一个主要途径。

营销权威菲利普·科特勒曾经诚实地指出："一般来说，广告的销售效果较之于传播效果更难测量。"

除了广告因素外，销售还受到其他很多因素的影响，如产品特色、价格、可获得性和竞争者行为等，这些因素越少或者越能控制，广告对销售的影响力也就越容易测量。在采用邮寄广告时，销售效应最容易测量，而在运用品牌广告或建立公司形象的广告时，销售效果最难测量。

至于广告的社会效果，起初并不为人关注，也一直没有获得与传播效果和销售效果并列的主流地位。广告公司和广告主都不会对它有多么关心，不过随着广告危机的频频爆发，广告的社会效果也越来越受人重视。

备忘录
Memo

16 LESSON 营销必须懂得化危机为转机

危机，每个企业都不愿意看到，但又都不能完全避免。企业运营时面临的环境分为常态和危机两种。在危机状态下，企业的管理是完全不同于常态的。所以说，每个现代企业都必须学会如何应对可抗或不可抗的“危机爆发”，以便使自己免于一劫，或变“危”险为商“机”。

课堂学习重点

1. 为什么危机是企业跟营销的杀手？
2. 该怎样做好危机管理？
3. 一旦危机发生了，处理时有什么技巧？又有什么禁忌？
4. 危机处理的流程与统一发言的模式为何？
5. 危机管理的步骤技巧为何？

在这个信息传播如此神速快捷的时代，营销人与企业无时无刻都面临着显性或隐性的危机，而看似细小的危机均有可能导致企业的一场灾难，如何完美应对如同不速之客的公关危机，成为了营销人与企业面临的一大课题，处理来势汹汹的危机事件是重要紧急且棘手的，因此非常需要智慧、胆识、魄力和强大的媒体资源执行力。

企业危机的种类

内容	说明
隐性危机	隐性危机指还没有发生，但存在明显隐患，即将可能发生的危机
较小危机	较小危机指的是已经发生了的危机，但事件非常微小，不足以影响到企业发展大局和有重要破坏的可能
中等危机	危机爆发的原因并不是产品本身的严重缺陷，而是由于一些误会、疏忽、可原谅性的错误、一时的处理不当等导致的企业声誉受损、企业形象恶劣、消费者反感和媒体负面报导等，已经引起一定程度的损失，甚至有可能会演变成企业的重大灾难等危机事件
极重大危机	产品本身具有严重缺陷，危害人们身体生命财产等严重的事件，难以挽回的危机

预防与控制将危机发生降至最低

危机如同病毒一样，懂得预防与控制是花费成本最低、最简便的方法，但它却常常被忽略，这也正是许多管理者将危机视为日常工作中不可避免的缘故。

为什么公司会遇到那么多危机呢？对此，管理者就必须牢记，在数以千计的人中任何一个人都可能因失误或失职而将整个公司拖入危机。

危机的特性

特性	说明	案例
意外性	由于企业内部因素所导致的危机，爆发前都会有一些征兆，但由于人为疏忽，视而不见，因此危机的爆发经常出于意料之外，危机爆发的具体时间、实际规模、具体态势和影响深度，是始料未及的	1987年11月8日，晚上7点30分左右，英国伦敦地铁站出口的电梯着火。但是人们不相信会有火灾发生，都只是敷衍了事。一位经理级的雇员察看了一下火源，却未能启动灭火系统。而在场的乘客也表现得很无所谓，没有人大喊着火，更没有人奔跑逃命。结果大火蔓延，造成30人丧命，20人严重受伤

特性	说明	案例
聚焦性	信息传播渠道的多样化、时效的高速化、范围的全球化，使企业危机情境迅速公开化，成为公众聚集的中心，成为各种媒体热炒的素材	1989年美国埃克森公司（美国500大企业中排名第三）一艘巨型油轮在美加交界的威廉王子湾附近触礁，原油大量泄出，生态环境遭受到巨大的破坏，引起环境保护组织和媒体的极大关注。 事故发生后，埃克森公司既不向当地政府道歉，也不彻查事故原因，更不采取有效措施清理漂油带，致使事态恶化。最后，迫于压力，埃克森公司仅清理油污就付出了几百万美元，加上赔偿、罚款，和客户的抵制总损失达几亿美元。而其社会形象更是一落千丈
破坏性	不论什么性质和规模的危机，都必然不同程度地给企业造成破坏，造成混乱和恐慌，而且由于决策的时间以及信息有限，往往会导致决策失误，从而带来无可估量的损失	日本雪印乳业公司是业界声誉卓著、信用可靠的一家公司。2000年6月27日，它生产的低脂牛奶发生饮用者食物中毒现象。事隔两天之后，雪印才公开承认有此事实，事情过了快一个月，雪印才在报纸以整版广告的形式向公众致歉。 雪印公司由于危机处理迟缓，停产两周造成的直接损失就有110亿日元，而间接损失是雪印品牌形象一落千丈，丧失了公众的信任
紧迫性	危机一旦爆发，其破坏性的能量就会被迅速释放，并呈快速蔓延之势，如果不能及时控制，危机会急剧恶化，使企业遭受更大损失	1978年，费尔斯通公司主导产品、钢丝网子午线轮胎“费尔斯通500”遭遇了数千起交通事故，导致多起伤亡事件。美国议会监督与调查委员会为此专门召集了听证会，指责费尔斯通公司在明知存在质量隐患的情况下向社会出售轮胎，却没有向经销商和用户说明潜在的风险。然而，费尔斯通公司依然不愿承认轮胎的质量问题，并召回这些轮胎。但在公众愈来愈大的压力之下，费尔斯通公司不得不自行召回轮胎，损失1.6亿美元。这更加恶化了公司已经存在的财务危机

管理工作时刻都处于风险之中，但可以通过清楚地告知员工他们的行为准则，把公司暴露的风险减到最小。如此当我们冒了风险后，就不会对其带来的危险感到惊讶。

正视问题，从容应对危机

在现代社会里，人们对组织的社会责任提出了更高的期望。所以倘若一个组织在发生危机事件时，不能与公众进行沟通，不向公众表明态度，只能招致外界的更大反感，只会损失更多。

所以当危机爆发的时候，企业必须在最短时间做出最快的反应，才能掌握主动权。如果不主动去填补信息漏洞，流言和小道消息就会泛滥，不利的舆论便会带来更大的损害。

也就是说，面对危机，营销人员与企业切不可模仿把头埋在沙土里的鸵鸟，忘了自己大大的屁股正露在外面，自欺欺人地以为，那样别人就什么都看不见自己了。其实，那样即使一时回避了问题，却可能为更大的危害播下种子。

开诚布公，不可敷衍了事

对大多数企业来说，危机发生时他们不会当鸵鸟，多多少少会向外做出说明，只可惜，这些企业大都不是开诚布公，直接了当地勇敢承认自己的一切错误，而是被动地，像“挤牙膏”似的，每次一点一点地应付外界的质询与诘问，使人们更产生恐惧与怀疑，最后只会给信誉带来致命打击，甚至消亡。

人非圣贤，孰能无过？在危机事件发生后，一个企业如有诚意，敢于向消费者提供，甚至外界还不知的信息，并做出最彻底负责，而不是“挤牙膏式”的敷衍应付，才会在最大的限度上赢得人们原谅。

1994年年底，在美国的英特尔公司便发生了问题芯片事件。

引发这场危机的根本原因，源自最初英特尔将公共关系问题当成技术问题来解决，它忽略了用户的感受，随之而来的媒体和公众的批评铺天盖地。最后迫于压力，英特尔公司不得不面对那些群情激愤的用户表示，愿意更换芯片时，居然只有1%～3%用户真的来换芯片。

其实，人们并非真的要更换芯片，他们只要求，如果他想换就能换就行了。可见得，人们感兴趣的往往并不是事情本身，而是当事人对事情的态度。

认错要统一口径，切忌七嘴八舌

有句古话叫三人成虎，讲的就是人多嘴杂的可怕。在现实生活中，由一人说出的话，经过多人传播后都会变了样。所以，当企业在危机中要对外说明时，必须先明确怎么去说，谁来说，跟谁说，内部要确定统一的发言人，如果董事长一个表态，总经理又是一个表态，基层员工再来表个态，那么事情只会越弄越糟。

因为危机的不确定性，紧急关头时，组织内部的人员很难立刻对危机达成共识。所以，越是危机时刻，越要首先明确企业中谁是对外信息发布的唯一出口，再由这个人于第一时间传递出最适当的信息。

比方说，由公司指定新闻发言人，保证与媒体信息沟通的统一性和畅通性，给广大媒体提供一个可靠的信息来源，使媒体尽可能获得全面的信息，避免各类无根据猜测的产生，才能尽快挽回公司形象。

危机处理的程序

步骤	说明
监测	危机爆发了，成立紧急危机解决小组后，立刻对本次危机程度进行全面的监测扫描，对已经发生的事态做实时总结，并对可能进一步发生的状况进行预估，全面了解危机事态状况
应对	在了解事态的全面情况之后，马上制订出应对策略和方法，主要目的是防止危机的蔓延，同时做到最短时间内屏蔽各类负面消息
化解	应对办法只是防止危机蔓延的速杀技术，但已经看过负面新闻的人，解决他们的心理阴影才是关键，否则危机还会从这些人身上再次披露和爆发。此刻，化解的最佳办法就是针对性公布事实、让已知的消费者了解真相，采用不回避、不主动、迂回包抄的策略

步骤	说明
承转	这是反“危”为“机”的关键一步，需要精准策划和巧妙构思，这步走好了，有可能会让危机事件成为提升企业美誉度的好事
重塑	主动出击的要点就是重塑品牌形象，经过风雨的洗礼，我们更明白消费者需要的是什么、我们的真正优势在哪里，这时，正是做品牌DNA修复的最好契机
提升	“重塑”步骤其实已经是“提升”步骤的开始，只是从消费者角度看，以消费者利益点为核心的活动策划推广，可能才是品牌美誉度的真正提升和市场销售提升的关键

| 营销VS职场 |

预防并有效地觉察到危机的痕迹

无论是企业、环境还是个人，都难免会在某时某刻遭遇灾难或危机的冲击。虽然冲击难以绝对避免，但是高度警惕的人与浑然不觉的人，在同样面对危机冲击时，承受的结果是截然不同的。那些没有危机意识、没有做好足够心理准备的人，在从天而降的危机面前，显得如此无助而痛苦。

所以对职场人士来说，必须有强烈的危机感，形成一种危机应对策略，这种危机感是一种居安思危的前瞻，是一种步步为营的稳健处世风格，只有这样才能更好地保障自身在企业的长久发展。

不过仅有危机意识是不够的，我们更应该在意识的基础上做好预防，预防的目的在于让我们更有前瞻性地发觉危机的蛛丝马迹。

身在职场的你我，除了做好本职工作之外，还必须对公司的各种经营、管理情况有一定的了解。如近期业务情况、媒体对公司的报导情况、高层变动、行业发展趋势等等，通过对这些情况的了解，能够说明职场人从某些重大或细微的变化中，觉察出公司或自身职位可能遭遇的危机冲击，从而提前做好某些准备。

课后重点整理

| 危机要打牢根基，杜绝隐患 |

莎士比亚说：“世事的起伏本来就是波浪式的，人们要是能够乘着高潮勇往直前，一定可以功成名就；要是不能把握时机，就要终生蹉跎，一事无成。我们现在正在涨潮的海上飘浮，倘不能顺水行舟，我们的事业就会一败涂地。”

每一次危机既包含导致失败的根源，又孕育着成功的种子。发现、拯救、培育，以便收获这个潜在成功的机会，便是危机管理的精髓；而习惯于错误地估计形势，令事态进一步恶化，则是不良危机管理的典型特征。

危机是“一时爆发”的，但也是“长期造就”的，所以说，平时没有危机意识、不懂危机管理的企业，就像建在沙滩上的大厦一样，是不稳固、没有竞争力的，一个小浪过来，就有可能在倾刻间倒塌。因此，企业要防患于未然，经常进行制度性的定期检查薄弱环节，铲除隐患，以便在问题发展成为危机之前得以发现和解决。

备忘录
Memo

17 LESSON 别再做家庭代工了：有品牌，才能大声

最高级的营销不是建立庞大的营销网络，而是利用品牌符号，把无形的营销网络铺建到社会公众心里，把产品输送到消费者心里。使消费者在消费时认定这个产品，投资商选择合作时认定这个企业，这就是品牌营销。

课堂学习重点

1. 该如何定义品牌？形成品牌的元素有哪些？
2. 品牌营销的内容有哪些？
3. 营销人员该怎样往优秀的品牌经理人提升？
4. 树立品牌的步骤有哪些？
5. 该如何拟定品牌营销策略？

品牌营销（Brand marketing），是通过市场营销使客户形成对企业品牌和产品的认知过程。市场营销既是一种组织职能，也是为了组织自身及利益相关者的利益而创造、传播、传递客户价值，管理客户关系的一系列过程。但品牌营销并不是独立的，品牌可以藉由传统营销和网络营销一起来实现，二者相辅相成，互相促进。

世界著名广告大师戴维奥格威（David Ogilvy）针对品牌曾作过这样的解释："品牌是一种错综复杂的象征，它是品牌属性、名称、包装、价格、历史声誉、广告方式的无形总和。品牌同时也会因消费者对其使用的印象，以及自身的经验而有所界定。"

了解品牌营销的奥义

品牌营销的过程，其实就是企业以目标市场的需求为中心，努力地去塑造和传播产品或服务品牌形象的过程。塑造和传播目标客户心中的品牌形象，与同类产品形成区隔，就是品牌营销的主要任务，而目前最有效，且以市场为核心导向的营销策略，就是品牌营销。

为了能够成功地塑造并顺利地传播品牌形象，有效地开展品牌营销活动，最终实现品牌营销目的，就有必要对品牌营销实行科学的策划。

品牌营销，营销的就是品牌的形象，其目的就是要在顾客心中塑造出一个理想的品牌形象，那么围绕品牌营销的目的，在具体的品牌营销活动中就需要去做大量的工作，包括对各种信息的收集、对目标顾客的心理期望掌握、对品牌形象的设计、对传播方式的选择以及对品牌的形象创意等，这将是一个复杂程度比较高的综合性系统工程，面对这样一个复杂的系统工程，如果不进行科学地策划，就很难将具体的活动开展下去。

因此，要对品牌营销活动实行科学策划，这便得由品牌营销活动其本身的性质特点决定。

立志当个优秀的品牌经理人

"品牌管理"并非是一个新近诞生的字眼，大多数企业都已经将其归结到非常重要的管理职能。但是到底应该给品牌经理人赋予什么样的职责？以及在企业组织内部如何定位品牌经理人，仍然是困惑众多管理者的大问题。

什么是品牌？

品牌是符号，是浓缩着企业各种重要信息的符号。

把企业的信誉、文化、产品、质量、科技、潜力等重要信息凝炼成一个品牌符号，着力塑造其广泛社会知名度和美誉度，烙印到公众心里，使产品随品牌符号走进消费者心里。这个过程就是打造品牌。

品牌的附加价值不是按照其投资额推算的。强势品牌往往能低投入高收入，所带来的高额利润，更多超出市场平均水平。

品牌是形象，是信誉，是资产。品牌便是衡量企业及其产品社会公信度的尺度。品牌竞争力就是企业的核心竞争力，我们甚至可以说，市场竞争就取决于品牌竞争。

品牌管理的最大困难在于，品牌往往是存在于人们意识形态中的无形物，对大多数企业来说，品牌管理不仅包括很多有形的因素，如品牌名称、视觉识别、环境和外部传播等，还包括了诸多不可见的因素，特别是人员、服务、产品和服务开发、知识管理、客户关系等。

但这些又恰恰是理解和提升品牌价值的重要课题。因此品牌经理人必须理解和掌握这些品牌管理中的各种因素，才能管理品牌在客户心目中的联想并有效地提升品牌价值。

事实上，品牌经理人最为重要的任务，是在企业内部植入一套系统化的品牌管理工作流程，并协调好各个业务部门和功能性部门的关系，让品牌工作在企业内部充分协同，共同来传递品牌应有的价值。归纳起来，优秀的品牌经理人需要具备的能力包括：

（1）**管理企业的战略：**确保今后任何战略方向是以品牌为核心导向。

（2）**管理品牌识别：**确保品牌识别被合适应用并持续增强品牌。

（3）**管理传播：**确保所有传播能增加品牌体验。

（4）**管理人和文化：**确保内部企业文化与品牌保持一致。

（5）**客户关系管理：**确保客户关系管理方案与品牌保持同步。

品牌营销的五大要素

从一般意义上讲，产品竞争要经历产量竞争、质量竞争、价格竞争、服务竞争到品牌竞争，前四个方面的竞争其实就是品牌营销的前期过程，当然也是品牌竞争的基础。从这角度出发，要做好品牌营销，以下五方面不可等闲视之。

（1）**品质第一**：任何产品，恒久、旺盛的生命力无不来自稳定、可靠的质量。

（2）**诚信至上**：人无信不立，同理，品牌失去诚信，终将行之不远。

（3）**定位准确**：著名的营销大师菲利普・科特勒曾说过，市场定位是整个市场营销的灵魂。的确，成功的品牌都有一个特征，就是以始终如一的形式将品牌的功能与消费者的心理需要连接起来，并能将品牌定位的信息准确传达给消费者。

（4）**个性鲜明**：对于产品的功效诉求和目标靶向，一定要在充分体现独特个性的基础上，力求单一和准确。单一可以赢得目标群体较为稳定的忠诚度和专一偏爱；准确则能提升诚信指数，成为品牌营销的着力支点。

（5）**巧妙传播**：有整合营销传播先驱之称的舒尔茨说，在同质化的市场竞争中，唯有传播能够创造出差异化的品牌竞争优势。

时至今日，品牌的创立没有那么简单，除了需前述各方面作为坚实基础外，其他如独特的产品设计、优秀的广告创意、合理的表现形式、适当的传播媒体、最佳的投入时机、完美的促销组合等等诸多方面也都密不可分。

树立品牌三大步骤

步骤	说明
分析行业环境	你得从了解市场上的竞争者开始，弄清他们在消费者心中的大概位置，以及他们的优势和弱点
寻找区隔概念	寻找一个概念，使自己与竞争者区别开来

步骤	说明
卓越的质量支持	以质量为根本树立形象。这里所指的质量，是一个综合性质量的概念，包括工程质量、文化质量，还有管理质量等
整合、持续的传播与应用	企业要靠传播才能将品牌植入消费者心里，并在每一方面的传播活动中，都尽力体现出品牌的概念

拟定品牌营销策划再出击

品牌策划是通过品牌上对竞争对手的否定、差异来引导目标群体的选择。因此是在与外部市场对应的内部市场（心理市场）上的竞争。

品牌策划更注重的是意识形态和心理描述，即对消费者的心理市场进行规划、引导和激发。品牌策划本身并非是一个无中生有的过程，而是把人们对品牌的模糊认识清晰化的过程。基本上来说，品牌策划要素包含了：

1．品牌和产品类别结合

也就是说，当我们向消费者提到一个品牌时，他们首先会联想到是什么样的产品。

2．品牌和产品属性结合

一个品牌的产品属性，往往是激发消费者购买和使用意愿的一个重要条件，而这些产品属性通常也能为消费者带来实质性的帮助，同时让消费者对这产品产生感情，也就是要让消费者觉得买的不只是产品，而是产品的独特利益点。

3．品牌和产品价值结合

当某产品的某项属性显得特别突出时，这项属性也就是形成品牌印象的基本因素。

4．品牌和产品用途结合

消费者在需要某类产品的时候，会直接联想到心目中熟悉的品牌。

5．品牌和产品用户结合

建立强势品牌认同的另一个途径，是将品牌和产品用户结合。

品牌策划的重要原则

想要策划一个可长可久，为人所传颂的品牌吗？那么你必须掌握以下三个原则：

1. 眼光原则

策划必须具有前瞻性，也就是说策划人要有眼光，要看得远，要看到他人看不到的，这样才能抢占先机，出奇制胜。很多策划人都在实践中努力遵循这个原则，只是程度存有差异。例如，很多企业没有做品牌战略策划，就忙着请广告公司发布广告，大量资金砸下去之后，可能会有一定的收益，但必然是事倍功半。

2. 阳光原则

这个原则是指策划必须见得着阳光，经得起日光的检验与曝晒。换句话说，策划人必须心胸坦荡，不能做昧着良心的策划，亦即策划不能欺骗消费者，不能损害消费者利益，更不能有悖于社会道德和伦理。

3. X光原则

X光有很大的穿透能力，这里借指策划人要有追根究底的精神和能力，洞穿问题的本质，或者说找到问题的根源，然后再结合存在的资源进行策划。这样，策划案实施后，才有可能实现釜底抽薪、药到病除的效果，否则必然是隔靴搔痒，治标不治本。

| 营销VS职场 |

把自己塑造成为亮眼的品牌

在职场中也要建立自己的个人品牌吗？答案是肯定的！所谓个人品牌，是指个人在他人（员工和顾客）心中存有的一种印象。也就是说，塑造个人品牌的核心问题就是别人如何看待你。无论是公司品牌还是个人品牌，都需要清楚界定自己所代表的东西，以使目标受众能够快速领会。对企业来说，受众就是它的顾客；对于个人品牌来说，受众就是我们拥有（或者想拥有）各种关系的人。建立个人品牌非常重要，它可以让你在工作中得到大家的尊重，也能让你积累自己的无形资产，在以后的职业生涯中产生事半功倍的作用。

那么该如何塑造个人品牌呢？

那就应该在以下几个方面做好，首先，让人们清楚地记得你，也就是建立自己独特个性的视觉印象。其次，在业界要经常保持你的声音，无论你从事哪个行业，都要记住，一定要在业界经常保持你的声音，要抓住一切可能的机会，在行业的论坛、会议、媒体上发表你的观点和构想；树立你自己的观点和旗帜，并且不遗余力的捍卫它们。再来，你可以挑战比你有影响力的人物，因为站在巨人的肩膀上能使你省去搭建起跳平台的工夫，一跃而过，直入龙门。

最后，建议你不妨和媒体保持密切且友好的关系，这里所谓的媒体，不局限在广播电视之类的大众传播媒体，只要是能让你增加曝光度的都算。你的个人视觉形象，观点论调，都需要通过各种媒体渠道去传播，使得更多的人们记得你，认知你，关注你。

课后重点整理

| 让品牌不断成长 |

消费者在选择品牌时是具有标准的，即使这种标准他自己也说不出来，作为品牌的策划者，要不断地探测消费者选择品牌的要素，然后由品牌最重要的信息提炼出消费者选择的最终决定因素，并把它加入到产品本身的特点和价值当中。

要想让品牌不断地成长，就必须不断地在品牌当中加入产品持续创新的信息，使品牌在产品类别和品种上，持续不断地延伸和扩张。

当品牌扩张到新领域时，会面临品牌资产流失的压力，当这种压力不断增强时，需要品牌资产的一贯性和统一性，以及通过品牌信息传达的产品创新，需要在新的竞争环境和竞争架构当中，在不破坏品牌信息连贯性的前提下，对于品牌内涵重新定义，因为在市场竞争当中，需要品牌具有有效的战略和张力；另一方面，也要消除对品牌不断重新定义的做法和努力。

备忘录
Memo

18 LESSON 免费是门好生意

在越来越激烈的商品竞争中，越来越多营销人员与厂商选择“商品免费大赠送”的促销形式，声称主要目的是为了扩大产品的知名度。事实上，商品免费大赠送的免费营销是提高企业与产品的知名度，促使并加深消费者对该产品了解的一个简捷而行之有效的手段。

课堂学习重点

1. 什么是免费营销？免费不会造成亏本吗？
2. 消费者虽然没付出金钱，但在免费营销中，他付出了什么？
3. 如何操作免费营销？有哪些模式可以参考？
4. 采取免费营销的前提是什么？
5. 哪些免费营销的错误要避免？

免费的东西人人都喜欢，古今中外都如此，免费策略营销也因此有强大的生命力，免费策略也是一种病毒性很强的营销模式，因为免费的东西大家都喜欢，所以很容易传播出去。但千万别忘了：天下没有免费的午餐。

免费策略还是为日后获利打基础的营销策略。用免费的东西获得用户，必然还要在其他地方赚回来。

免费的东西大家爱

相信大家对这样的广告宣传一定不陌生：“如果送货时间超过半个小时，你所订购的比萨，免费！”

类似的案例在我们生活中到处可见，“占便宜的机会真的太多了，许许多多商家都会提供免费商品，比方说：试用化妆品、体验券、各种打折积分卡、电子邮箱、网络游戏……琳琅满目，无法一一列举。

这些号称“免费”的商品，虽然暂时不会让你付出有形的金钱，但其实还是用了其他模式，让你付出某些东西，例如用时间、体力、脑力、注意力等等。比如说，你可以拨打免费长途电话，但有可能要忍受每隔一分钟出现的半分钟广告。

但是这里要特别强调一点，免费策略并不是骗子策略，免费提供的东西也要有它的价值，你千万不要寄希望于只送些垃圾，然后就想再从用户身上赚钱。

免费营销的几种模式

这些“免费营销”的背后，是怎样把消费者跟商家最终牵到一起呢？又有哪些免费营销的模式可供参考呢？以下是若干建议。

（1）**免费的东西可以是与付费产品捆绑在一起的赠品**。有的时候产品一共100元，但营销人员或者企业主可以赠送很多东西，而且赠送的东西价值加起来，看着非常让人高兴，可能值几百块。当然这种赠送的东西往往是容易大量复制，而不需要很高成本的，像电子书、白皮书、报告等，有的人买东西最后的决定，往往是在赠送大量免费赠品的推动下而做出的。

（2）**电子邮件营销也往往需要免费策略的辅助**。网上的电子报多如牛毛，浏览者凭什么要订阅你的电子报？这时候就需要给浏览者一个理由，免费赠送些什么东西就是个好理由。只要订阅电子报，就会获得美容秘笈、优美的屏幕保护等诸如此类，浏览者往往看在这些免费礼物的份上也就订阅了。当站长得到电子邮件地址，就得到进一步推广产品的机会。

（3）**很多时候初级产品是免费的，但要升级就要付费了。**比如说免费虚拟主机，要想不带广告，或者增加数据库等功能，就要成为付费用户。

（4）**软件行业也常用这种免费策略。**例如提供免费试用版，但过一段时间软件会过期，或者初级版免费，但功能做了限制，想要完整版没有限制的软件，则要付费，这种软件销售方式非常有效。当然前提是软件真的有用，让用户试用之后，觉得物有所值，值得购买。

（5）**旅游卡。**相信很多人在机场、车站曾碰过派送免费的各种住宿、交通预订卡，可以为旅客带来许多便利。比如，使用这些免费的卡片网络预定机票、度假产品，不但有优惠、有积分，还经常能碰上免费送全年交通保险的优惠。

（6）**Email。**现在大多数的Email都是免费使用的，免费Email愈来愈多，而且服务也越来越好了，厂商为了弥补大容量Email的支出，通常Email都会捆绑很多增值服务，如广告、推荐歌曲等。毕竟，只要留住人，赚钱就大有机会。

（7）**网络游戏。**免费游戏创新之处在于，降低了玩家进入游戏的门坎，但需要享受更高级的服务时，则需要向运营商购买虚拟道具，从而让自己具备更多的技能。

赔钱的生意没人做，商家算盘打得精

商家为何提供“免费”的商品给消费者？那商家的利润从何而来？事实上，我们周围充斥了聪明的商家，为吸引消费者采取各种不同层面的“免费”手段。以前太平洋百货便是采用了免费营销的手段，获得极大的成功。

每个月，太平洋百货会挑选一个人潮比较清淡的日子，例如周一或周二，让会员凭会员卡免费到店领取一份来店礼，你如果认为这份来店礼一定是些滞销的库存品或是便宜货，那你就错了。他们对于来店礼，都会绞尽脑汁，找出一般消费者喜欢且具有吸引力的商品，尤其是针对女性消费群能造成话题性的商品，例如只送不卖的HELLO KITTY独家购物袋。许多消费者就为了领取这份独特的礼物，不辞千里地去百货公司排队。当然，既然来了，很少有人会只拿了礼物就回家，大部分还是会吃个东西，也顺便逛一逛，当然，也就产生了购买行为。

之后，这种卡友来店礼的模式不但延烧到其他百货同业，甚至再细分到每家百货公司，搭配不同的信用卡银行，推出该信用卡在不同百货公司的刷卡免费礼。

如果商家看待来店礼本身是要花钱，免费送出是亏钱行为的话，那么，自然不会有后续大量的营业额诞生。类似太平洋百货的这个免费营销模式，有几个值得我们关注的重点：

（1）免费赠品的发送，是在销售较淡的时机点，能藉以刺激业绩。

（2）赠品选择是以女性喜好为主。毕竟女人比较容易因为想拿到独特的小礼物而去排队，男人大多除了想要收藏的珍品外，很难因为一个小礼物而被打动前去排队；就算男人被吸引来店，也可能直接拿了礼物就回家，留下来吃吃逛逛的比例只怕还会再降低，所以，商家锁定女性送礼，不是没有道理的。

（3）发送礼物对象必定是持有会员卡的会员：没有顾客数据，只是单纯的送礼物，并不能控制顾客的质量，而且利用计算机系统，能清楚判别一人一卡只能领一次礼物，更能进一步交叉分析哪个类型的礼物受哪个年龄层的青睐等等，绝对是科学的作法，而不是漫天撒钱。

身为营销人员或者商家的你，也可以多加思考如何善用类似的“免费”营销模式，为你自己的商场，获取更高的业绩。

不精准的免费营销等于浪费

当然免费营销也并非100%有效，营销人员要避免某些容易犯下的错误，为什么会有这样的错误发生呢？这主要表现以下几个方面：

（1）盲目跟风使用新理论，没有研究自身企业与竞争对手特点。

（2）缺乏战略意识，以战术思想代替战略思想。

（3）免费策略与消费者需求没有紧密结合在一起。

（4）免费策略实施时，缺乏统一可行的实施细则案例，造成时间与空间的不统一。

免费营销存在着某些错误地雷，对于错误是如何形成的？主要原因是商家没有完全领悟免费营销的精髓，在营销策略上就是没有处理好产品、消费者需求、信息传播载体、促销时间和地点的关系。

在营销活动中，一些企业盲目使用新的营销学理论，在快速使用的理念主导下，新理论并没有给企业带来好的效益。相反的，还给市场营销造成混乱，更给企业造成难以估量的损失。

让免费赠送达到效果的先决条件

免费赠送、免费营销也不是万能的，虽然它有着很强的品牌转换能力，但它是有先决条件的。条件成熟了，它就会发挥非常积极的作用；而条件不成熟，则会导致时间和金钱的浪费，甚至会伤及到品牌价值。

那么，免费赠送、免费营销到底在什么样的条件下才发挥积极作用呢？简单来说，至少要符合以下4个条件。

条件	说明
消费者明显能够体验到不同之处的产品	比如，雪糕、饮料、食品、软件、网络等。因为，这些品类（或行业），消费者一旦接触，就会明显感觉到它的不同或好坏，只要你的产品（或服务）真的好，他们就会考虑转换品牌
可以重复购买的产品	免费赠送的目的是让消费者能大量消费，持续消费，如果你的产品不存在重复购买，免费赠送就不会产生什么作用，只是让消费者占一次便宜罢了

条件	说明
单位价格较小或变动成本较低的产品	像雪糕、鸡蛋、洗衣粉、香皂等单位价格比较低的产品，采用免费赠送，还能送得起；像软件、网络、电视节目等变动成本比较低，免费使用不会产生太大的成本，所以也承受得起。如果不是这样的条件，免费赠送就会导致很大的成本和预算压力
不太容易形成习惯壁垒的产品	什么叫习惯壁垒？就是消费者一旦习惯于消费这个品类，就难以改变他的习惯。比如，像药物、茶叶、咖啡、酒精饮料等。这些品类，一旦消费者接受，而且接受的是别的品牌，你仅仅靠“免费赠送”可能很难打破他们的习惯

企业主对免费营销的误解

误解一：免费服务等于低质量

受“便宜不是好货”的思想影响。很多企业认为，既然是免费的，就不能对其要求太高。于是便对免费服务或敷衍了事，或流于形式，甚至是提供劣质的产品或服务。

误解二：免费服务等于跟流行

一些企业认为，只要能给消费者提供满意的产品或服务就可以了，免费服务的提供无关紧要；免费服务做与不做，好与坏都不会影响企业的正常经营；而之所以维持这些免费服务，仅仅只是别人都这样。

误解三：免费服务等于降低利润

好的免费服务所带来的收益是难以衡量的，但是其所产生的成本却是显而易见的；免费服务被认为会加大管理的复杂性与难度，提高经营成本，导致利润下降，于是便提供劣质的免费服务，或干脆不提供任何免费服务。

| 营销VS职场 |

不要计较眼前那一点利益

你害怕付出跟回报不成比例吗？看完这一课之后，你应该知道，所谓的“利益”不应该仅仅局限在有形的金钱上，目前的无偿付出，其实是为了未来有偿的回收，老祖先告诫我们的“吃亏就是占便宜”，就是这个道理。

现实中的吃亏主要有两种：一种是“主动吃亏”，另一种是“被动吃亏”。

“主动吃亏”是指你主动争取吃亏的机会，这种机会是指没有人愿意做的事、困难的事、报酬少的事。这些事因为没有便宜可占，大部分人不是拒绝就是不情愿，而你却主动争取去做，上司当然对你加倍感激，并将你的这份情谊记在心上，以后无论是升迁还是自行创业，他都有可能会帮你，这对你的人际关系大有帮助。

最重要的是，你涉猎的层面更广泛，也可以磨炼自己做事的能力和耐力，这样一来，你不但懂得比别人多，也进步得比别人快，这是一种无形资产，是用金钱买不到的。

“被动吃亏”则是指在未被告知的情况下，突然被分配去做一件你并不喜欢的工作，或者工作量突然加大。碰到这种情形，如果仔细观察周围的环境，发现你完全没有抗拒的余地，那更应该愉快地接下来．也许你不太情愿，但在这种情势之下，也只好用“吃亏就是占便宜”的想法来自我安慰，心里想着自己成功的愿望，把“吃亏就是占便宜”当成是潜意识的引导。至于有没有“便宜”可占，则很难说，眼前之“亏”也许是对你的一种磨炼；考验你的心智和能力，是为了重用你。姑且不论主管是否会重用你，你虽然吃了点小亏，但磨炼出自己的耐性，这对你以后实现成功愿望绝对大有帮助。

如果你始终抱着一种“吃亏就是占便宜”的心态，实现成功的愿望就会变得很容易。喜欢占便宜是每个人潜在的心理，你吃一点亏，让他人占一点便宜，那么你就会被人喜欢，人人当你是好朋友。

何况拿人手短，吃人嘴软，今天占你一点便宜，心里也会过意不去，只好在恰当的时候回报你，所以不知不觉中愿望达成的条件便会在你不经意的时候到来。

课后重点整理

| 小赠品影响大业绩 |

免费赠品，是争取消费者购买产品，提升业绩成长的法宝，它也是品牌的动力所在。此策略运用得当，很有可能吸引消费者舍弃竞争品牌，换取长远的销售业绩。

美国制造商便发现，争取消费者购买产品的最好方式，就是先送免费的赠品。如今，市面上各种产品繁多，消费者应接不暇，选择的空间也越来越大，企业根本无法肯定消费者会从中挑选特定的品牌购买和尝试，但采取主动出击、先舍后得的免费赠送方式，其效果远远胜于静态销售。

众多公司在做赠品活动时，业绩往往直线上升，然而一旦活动停止，业绩便又直线下滑。可见，送赠品给消费者决非是一送了之那么简单，否则，很难换取到长远的大业绩。

19 LESSON 一个臭皮匠也能胜过三个诸葛亮

在我们生活的社会中，时时刻刻都要面对各式各样的“竞争”。生存的竞争、考试、企业间的市场占有率争夺、选举、权势、战争等等，当然，还有营销市场的竞争，大小事情都脱离不了竞争的束缚，在未来的竞争中，我们究竟要拔胜者的头筹或尝失败的苦果，那就仰赖对得胜之道的认识运用了。

在竞争中存在着胜利的法则，“蓝彻斯特法则”不外是为了从竞争中获取胜利的一种科学。

课堂学习重点

1. 竞争跟蓝彻斯特法则的关系？
2. 蓝彻斯特法则是怎么产生的？他的理论依据为何？
3. 蓝彻斯特法则区分为哪两大原则？
4. 蓝彻斯特法则该怎样套用在营销领域？
5. 市场上的相对弱者，如何利用蓝彻斯特法则出奇制胜？

“蓝彻斯特法则”的创始者是出生于英国的技术工程师蓝彻斯特（F.W.Lanchester）。他本来是个汽车工程师，由于天生具有强烈的好奇心，他开始对实际空战的数字发生兴趣，对于几架飞机对几架飞机的战斗结果将如何，这个问题触动更进一步去收集各种地上战斗的资料，以探索兵力的比率和损害量之间是否具有某种法则的存在。这即是“蓝彻斯特法则”的由来。“蓝彻斯特法则”分为第一法则：单兵战斗法则，和第二法则：集中战斗法则，而由这两个法则的观念，再汇出弱者的战略：第一法则型的应用，和强者的战略：第二法则的应用。

蓝彻斯特第一法则：单兵战斗法则

让我们回溯一下古代战斗的电影或戏剧，我们可以联想到那时所用的武器，例如弓、箭、矛等，这些武器都没办法同时攻击两个人，这种战斗明显是受着“单兵作战法则”的支配。这种战斗，大致可由初期的兵力数来决定胜负。也就是说，一开始交兵时，初期兵力的差就是战争后期剩余的兵力数。

譬如说：现在A军有30人，B军有20人，两军展开单兵战斗型的战争时，A军死20人，剩下10人，但B军20人全死。原理非常单纯，兵力数多的一方，那些多的兵力可以剩余下来，此即所谓“单兵战斗法则”。

换句话说，双方初期兵力的差就是剩余的兵力。多一个兵力的一方就以一兵之差击败对方。这种胜败决定于兵力数多寡的情况，是从第一法则汇出的结论。因此械斗、徒手搏斗、外务员的竞争、区域竞争、游击战等都要受单兵战斗法则的支配。

蓝彻斯特第二法则：集中效果法则

第一法则是以单兵战斗型的局部战和接近战（肉搏战）为前提的，而第二法则适用于大区域的总体战，或是用现代化武器的机率战。

譬如：A军有3人，B军有2人，A、B两军发生战斗，若是第一法则的单兵战斗型的话，则A军战死2人剩余1人，而B军2人全部阵亡。

但是，若以机关枪般的机率性能兵器作战的话，将会形成计量法则的关系，这是第二法则的“集中效果法则”。在此情况下，A军每人受B军的攻击量是B军2个攻击力的三分之一概率，而B军每人受A军的攻击量是A军3个攻击力的二分之一概率。

结果，双方的损害量是“三分之二”比“二分之三”，变成四对九的比率。假定武器的性能是一样的话，双方的战斗力可以从兵力数的平方来判定。此即第二法则，计量集中兵力效果的“集中效果法则”。

如果现在有个单兵持有机关枪，其发射速度是通常步枪的16倍，而敌一方拥有16倍的武器效率，一般的错觉会认为双方战斗力均衡，但实际上兵力数的计算基础是平方，而交换比不是，所以16倍武器效率的攻击力也只抵得上4个人的攻击力量而已。像是现代武器、整体战、营销上的总体战略等等，就都受第二法则的支配。

弱者的战略和强者的战略

让由前面介绍蓝彻斯特的第一法则和第二法则，可分别汇整出“弱者的战略”和“强者的战略”两种基本的原则。“弱者的战略”若非以兵力数见胜负，便是以武器的效率分高下。如果是处于弱者的情况，一定要具有第一法则型的思考方向，设定必要的场面和状况，同时必须把握以下五个基本原则：

★ 选择局部战。

★ 展开接近战（肉搏战）。

★ 选择单兵战斗型。

★ 避免兵力分散，采取一点集中主义。

★ 声东击西的伪装作战。

只要造成一对一的战斗形势，则战斗条件一旦持平，强者和弱者的分野自然消失，如此便能摆脱劣势，这是“弱者的战略”的基本原理。

其次谈到第二法则型的思考，及其场面的状况的设定，即属于“强者的战略”的基本原理。强者必须把握下列五个原则做为战略的原理：

★ 尽可能把战争导入机率战。

★ 避免单兵战斗。

★ 避免直接的接近战，创造间接、隔离的战斗情势。

★ 以压倒性的兵力优势采取速战速决战略。

★ 采取分散敌兵的诱敌战略。

以兵力性的优势造成压倒性的有利条件，是强者的战略逻辑。只要能把战斗导入第二法则型的战斗，就会造成弱者一面倒的情势，这是以第二法则型为前提的近代战争的特征。

蓝彻斯特法则7大要素

相信你一定没有想到除了孙子兵法之外，想要打胜仗，还可以利用蓝彻斯特法则吧！可见得要赢得战争，真的不是拿了枪拼命冲就能胜利的，没有一点技巧，再大的威武雄兵，还是会被打得七零八落。

我们常说商场如战场，因此商场上的营销一样适用蓝彻斯特法则。如果要应用，又有哪些要素必须注意呢？

1．营销力量的基本分配关系

以最低成本获得最高利润的前提条件是，战略力与战术力的比例至少为2：1，企业应以此比例为指导原则配置营销的战略与战术，分配营销力量和营销资源，创造最优成本。

2．三一理论与占有率的目标管理

竞争双方战斗力的关系在局部战中发展到了3：1，弱者反败为胜已不可能。该比值范围称为射程距离。当两竞争对手之间市场占有率比超过射程距离时，弱方应及时放弃经营，保存实力，另辟蹊径。

3．第一位主义

在射程距离内，为提高市场占有率，企业必须尽力创造第一位置。根据蓝彻斯特法则，强者与弱者战略实施的优先级不同。实力弱的公司宜开展局部战，方向为区域→进货率→商品，先限定区域创造据点，将易销商品集中，以地域进攻为先决条件。而实力较强的企业，其战略顺序正好相反，方向为商品→进货率→区域，即通过有力的商品作为战略武器，展开大规模总体进攻，击破弱者支配的地域，从而最终实现第一位地域。这种根据实力决定战略排序的方法，已被国外企业广泛运用。

4．三点攻战略

在发展某一区域市场时，首先按照地理条件、人口集中度、人口移动规律等情况对区域进行细分，随后选择可包围该区域的三个最有利点，个个攻破，使占有率达到40%的相对安全值，最后再往最终目标的正中央推进。

5．竞争目标与攻击目标

在争夺市场的竞争战中，强者多处于守势，而弱者趋向于进攻，防守与进攻的战略互不相同，因此首先应区分攻击目标和竞争目标。比自己实力强的是攻击目标，反之为竞争目标。

6．强者与弱者的差异

实力弱小的公司在战略上应以一对一为中心，创造单打独斗的战略区域和战略性产品，避免以所有产品和所有区域为目标。

7．地位差异战略

在营销过程中，必须考虑企业在产业和市场中的位置。在许多攻击目标中，首先集中力量对付射程范围内的足下之敌，避免多方树敌。

运用在市场上的蓝彻斯特法则

如何让蓝彻斯特法则运用到市场当中？以下为几点建议方法：

（1）**化整为零法**：将某一区域市场分成若干块相互关联的战区、每个战区再分成若干个相互呼应的战点，每个战点又可连成若干条紧密相连的战线，梳理市场脉络，突出重点，抓住关键、带动全局。

（2）**点面呼应法**：各战区的布点尽量以某一中心城市为中心，以物流一日内可达客户的距离为半径进行点面整合，使之形成辐射状、同心圆型、扇形或三角形等市场格局。

（3）**以线穿珠法**：以战区内或之间的交通干线为主线，将交通枢纽城市贯穿成线，形成纵横交织的网络格局。

（4）**围棋市子法**：具体到某一城市战区的铺市时，企业采用“直销或直销+经销”的营销方式，实行分区包围和逐个击破的策略，首选某一片区为突破口，逐渐展开营销作业面，直至占领整座城市。

（5）**井字型或弓字型市点法**：在具体的营销作业面内铺市时，可选择某一商圈先横向布点，再纵向布点或按“弓”字型折向布点，激发零售商攀比心理，促其进货，从而使产品迅速铺市。

蓝彻斯特法则在营销上的运用

蓝彻斯特法则在营销上的运用，以下几点必须特别注意：

第一、蓝彻斯特法则在市场企划、商品企划和产品渠道上均可运用，但在运用上必须具有相当的独创性，若没有精密的研究，在运用上恐无法得心应手。

第二、无论销售或者是企业间的竞争，几乎多是涉及市场占有率的竞争问题。蓝彻斯特法则在企业间竞争上的运用，主要是针对占有率的问题。譬如：以什么战略来提高市场占有率等，因而蓝彻斯特法则可以说是占有率的科学。

第三、占有率的目标值是蓝彻斯特法则的一个重要指标。如占有率的相对安全圈为百分之多少？独占的条件是占有率必须达到百分之多少？等等，都是占有率的目标值。

第四、在世界各国中，蓝彻斯特法则运用最成功的是地域战略。至于产品渠道战略、商品战略等，则必须有较深入的认识方能运用。其他如在地区内连锁店绝对安全圈条件的数目等，都必须具有相当的独创力，配合本企业的条件方能奏效。

在运用蓝彻斯特法则成功的例子中，主要是以消费性产品的地域性战略为重心。在其营销中，譬如：地域管理的辖区编制，或者是辖区大小的决定等，作为运用的先着，再逐步扩充运用的范围。至于生产数据方面，可能在运用上限制较多。总之，一般消费品、耐用消费品、人寿保险业、金融业，因运用蓝式法则成功的事例比比皆是。

| 营销VS职场 |

用核心竞争力与对的人团结合作

没有人不想在职场中胜出，被主管器重，进而升官发财或者获取成就感，但想要成功，绝对不是闷着头瞎干一场，要有策略、有方向地朝目标前进，以有限的力量，打一场有把握的战斗，才不会虚耗力气，最后一事无成，这就是我们把蓝彻斯特法则运用到职场上的方法。

那么还有哪些方法能让你在职场上脱颖而出呢？

首先，建立你的核心竞争力，在不具备核心竞争力的情况下，轻易得来的东西，失去也容易。希望在职场拥有一席之地，即使放弃眼前的即得利益，也要选择重新培养自己的核心竞争力，从人生角度考虑这同样是非常有必要的。这种即得利益的放弃，在短期内的确痛苦，但培养自己核心竞争力所产生的短痛，与没有竞争力，所导致的将来职业发展的长痛，更加难以让人接受。

其次，养成团队合作的习惯，因为良好的人际关系是与人和平共事，以及增进业务的不二法门。

再来，你必须要找到职场中那些“对的人”，助你往向上的路推进。所谓“对的人”，是指有力量、有权力影响你的人。那么，要如何让“对的人”愿意帮助你呢？你要先建立一个好的印象，并散发出独特的吸引力，包括你的个性、能力、执行力等等，让这些人欣赏你，把你往目标推进。

课后重点整理

| 蓝彻斯特法则是营销利器 |

蓝彻斯特法则原是用于指导战争的军事法则和战略，第二次世界大战以后，才被逐步引伸到营销战略管理中。

世界500强企业在营销管理中，特别是在以欧洲为中心的海外市场开发，皆广泛而灵活地运用了该法则，成效极为显著。因此可以说，跨国公司在区域战略中，成功地运用蓝彻斯特法则，方能成功地开疆辟土，成就事业，总而言之，蓝彻斯特法则就是跨国公司的营销利器。

此外，蓝彻斯特法则不仅是有效的营销管理法则，在商品战略、市场规划、流通渠道等方面也都有较大的实用价值。

备忘录
Memo

20 LESSON 不要只想竞争，去开发新市场需求吧

“蓝海策略”，是要企业不断以创新的精神加上有竞争性的成本概念作为后盾，以追求高价值和低成本，警醒企业应不断接受新挑战，冲出以往一成不变及“红海”的割喉式减价策略，去创造全新或没有竞争对手的市场空间。

课堂学习重点

1. 蓝海策略的意义与内涵为何？
2. 蓝海策略的特色？跟红海有什么不同？
3. 为什么要快点跳脱红海？航进蓝海？
4. 营销人员在采取蓝海策略时应注意什么？
5. 营销人员面对竞争时，该怎样利用蓝海扭转逆势？

“管理”也是营销人员必学的课程之一，通过了解管理，营销人员才能真真切切地知道如何发挥组织战力，调动可支配支持，在有限的状况下，完成最大目标。

在诸多管理理论里面，“蓝海策略”是近几年最为大家所熟知，而且地位最重要的，任何一位营销人员，对“蓝海策略”都必须有深入而正确的了解。

认识蓝海策略的架构与内涵

《蓝海策略》一书自2005年出版后，在全世界引起了巨大反响，先后获得“《华尔街日报》畅销书”、“全美畅销书”、“全球畅销书”等称号，迄今已被译成24种文字。

而《蓝海策略》所引起的热烈反响，很大程度上反映了在当今的商业现实和竞争态势下，全球的企业界对寻求新的战略手段以实现获利性增长的强烈渴望。

总归一句话，“蓝海策略”就是要做“价值创新”。

“价值”和“创新”同样重要；创建蓝海成败关键并非尖端科技的创新，也不是“进入市场的时机”，而是“创新”和“实用”、“售价”和“成本”两组的密切配合。

蓝海战略的4项行动架构

蓝海策略一再强调的全新商场胜出逻辑：经营者不应该把竞争当做标竿，而是要超越竞争，开创自己的蓝海商机，因此《蓝海策略》的作者金伟灿博士（W. Chan Kim）与莫伯尼博士（Rene Mauborgne）在书中提出了“4项行动架构”，企业应该经常用下面4个问题自我检验：

架构	内容	目的
消除	消除哪些产业内习以为常的因素	在于节省成本，扩大需要
降低	哪些因素应降低于产业标准	在于强调“差异化”与“新价值”，产品价值
提升	哪些因素应高于产业标准	
创造	创造哪些产业尚未提供的因素	

快点跳脱红海就对了

与“蓝海”相对的就是“红海”。

所谓“红海”，便是在现有的市场中，与竞争对手争夺固有的市场占有率，目的是打倒对手、掏尽现有的需求。由于要不断推出优于对手的产品并作出具有竞争力的定价，行业的利润难以避免的愈来愈薄，甚至有时要做赔本生意。

为了克服这样的困扰，“蓝海”便诞生了，也就是创造一个没有人争夺的市场空间，创造并捕捉新的需求，在新领域中，竞争变得毫不相干或者根本不存在，在定价时便会具有更大灵活性，赚取的利润将更大。

蓝海策略的特色

与低价竞争，血流成河的红海策略相比，蓝海策略的特色有五：

1. 开创没有竞争的“新市场”。
2. 不与对手竞争，使“竞争”变得不相干。
3. 创造出新的需求，并通过成本控制，追求持续领先。
4. 同时追求顾客所能获得的高价值与产品的低成本。
5. 调整整个公司的操作系统，给以完全的配合。

面对差异化与成本领先困境

自从麦可·波特的《竞争战略》和《竞争优势》这两部战略管理专著问世后，“竞争”就成了战略管理领域的关键词。

在基于竞争的战略思想指导下，企业常须在“差异化”和“成本领先”战略之间选择其一，确立自身的产品或服务在市场中的独特定位，以图打败竞争对手，最大限度地占有市场。然而，追求“差异化”战略意味着成本也要相应增加，而以“成本领先”为导向的战略又会限制企业所能获取的利润率。

今天，随着愈来愈多的企业去瓜分和拼抢有限的市场占有率和利润，无论采取“差异化”还是“成本领先”战略，企业取得获利性增长的空间都越来越小。

在这种情况下，企业如何才能从血腥的竞争中冲杀而出？如何才能启动和保持获利性增长？

价值导向开创新的市场空间

上一段的问题，根据《蓝海策略》的建议是：要求企业把视线从市场的供给一方移向需求一方，实现从关注竞争对手的所作所为，转向为买方提供价值的飞跃。

藉由跨越现有竞争边界，并将不同市场的买方价值元素进行筛选与重新排序，企业就有可能重建市场和产业边界，开启巨大的潜在需求，从而摆脱“红海”也就是“已知市场空间”的血腥竞争，开创“蓝海”新的市场空间。

藉由增加、创造现有产业尚未提供的某些价值元素，剔除产业现有的某些价值元素，企业就有可能同时追求“差异化”和“成本领先”，即以较低的成本为买方提供价值上的突破。从这个意义上来说，蓝海策略代表着战略管理领域的范式性转变，即从既定市场结构下的定位选择向改变市场结构本身的转变。

由于蓝海的开创是基于价值的创新，而不是技术的突破；是基于对现有市场现实的重新排序和构建，而不是对未来市场的猜想和预测，企业就能够以系统的、可复制的方式去寻求它。“蓝海”既可以出现在现有产业疆域之外，也可以内生于产业现有的“红海”之中。

迈向蓝海的途径

1．改造市场疆界	2．专注于大局而非数字
3．超越现有需求	4．策略次序要正确
5．克服重要组织障碍	6．把执行纳入策略

营销业界应致力多元双赢

对于当今的营销业界来说，蓝海战略具有强烈的现实意义。今天，营销业界来自四面八方的挑战源源不绝，而且每天都有新的局面出现，市场也是对外公开的。

营销业界该如何获利？该如何开创强有力的品牌？在竞争日益激烈的市场中，企业如何生存下来，并脱颖而出，走向获利性增长的道路？

这就要求营销业界超越对“成本优势”的追求，将目光投向买方价值并努力使之大幅提升，从而跳出价格战泥潭，开创优秀、持久的品牌。同时，通过价值创新，营销业界可以避免常规“差异化”战略下的高成本、高投入与高定价，从而实现买方与营销业界的双赢。

营销业界需要做的，不是比照现有的产业最佳实践，而是修改产业框架，重新设定游戏规则；不是瞄准现有市场中“高阶”或“低阶”顾客群，而是面向代表潜在需求的买方大众整体；不是一味地藉由细分市场满足顾客的偏好，而是通过合并细分市场整合需求。

| 营销VS职场 |

奋力掌握遨游蓝海的技能与装备吧！

不管你是不是新人，目前的就业市场，只能用“严峻”两个字形容，“千军万马争挤独木桥”不仅彰显了目前求职战场的激烈与残酷，更昭示着将有为数不少的竞争者不可避免地落马。

在如此喧嚣拥挤的职场战争中，是否存在等待被开发的“蓝海”呢？专家建议，充实自己的本职学能，增加自己与别人不同的技术与经历，就像潜水需要装备，游泳需要技能，觅得求职蓝海的同时，只有掌握遨游蓝海的技能与装备才能下海悠游，才能真正成为求职战争中的赢家。

还有一点值得注意，就是不要哪里热门就往哪里钻，避免陷入过度竞争的窘境，万一你不幸踏上过度竞争的道路，就等于身陷跳脱不出来的红海了。

课后重点整理

| 多一点空间，多一点创意 |

反映到营销层面，蓝海策略就是企业如何基于价值创新开发新的产品，开创新的市场领域。几乎所有企业的最初成功都是靠单一产品获得的，不是建立在战略规划、管理能力、营销水平基础上的必然结果。

不同的是，有些企业能够在偶然成功后，反思过去，从中找寻到成功的基因，并根据市场情况不断进行调整，从而从偶然性成功过渡到必然性成功，从单一产品成功到产品线成功乃至跨行业多元化成功，开辟出一个又一个的蓝海。

但更多的情况是，企业虽然试图藉由新产品的开发来开辟属于他的蓝海，但几年过去了，仍要靠初创时的老产品在红海里拼杀。

是什么原因阻碍了新品发展呢？总结起来有三点：观念束缚，制度制约，管理瓶颈。那么该如何克服这些问题呢？

第一，要给予想象的空间。虽然蓝海的开创是基于对现有市场现实的重新排序和构建而不是对未来市场的猜想和预测，但如果陷于红海思维，则即使有新品产生，也会一上市就会陷入价格战。

第二，要给予新品足够的空间，允许无价值的新品产生。

第三，要把产品创意、设计时间纳入营销体系。

第四，强调价值创新而非技术突破。技术并非不重要，而是要杜绝技术崇拜，把技术纳入对消费者需求满足程度的考虑中。

21 LESSON 找到有利的商业模式，让你赚很大

市场竞争随着市场的成熟、发育，越来越激烈。几乎每个产业领域都有许许多多的企业在共同分食着市场占有率。于是，企业就开始追求差异化。差异化表现在很多方面，而差异化的核心就是构建不同的商业模式。

课堂学习重点

1. 了解你的商业模式是什么？
2. 一个完整，规划精良的商业模式应该包括哪些元素？
3. 商业模式怎样套用在营销当中？
4. 商业模式是怎样决定营销跟获利的？
5. 可供参考、学习的商业模式有哪些？

世界级管理学大师彼得·杜拉克说过：“今天企业间的竞争，已经不是产品间的竞争，而是商业模式之间的竞争”。

商业模式（Business Model）已经成为挂在营销者、创业者和风险投资者嘴边的一个名词。几乎每一个人都确信，有了一个好的商业模式，成功就有了一半的保证。那么，到底什么是商业模式？它包含什么要素，又有哪些常见类型呢？

用最直白的话告诉大家：商业模式就是公司赚钱的途径或方式。简言

之，饮料公司通过卖饮料来赚钱，快递公司利用送快递来赚钱，网络公司藉由点击率来赚钱，通信公司靠收话费赚钱，超市通过平台和仓储来赚钱等等。只要有赚钱的地方，就有商业模式存在。

商业模式的奥义

商业模式的定义如下：为实现客户价值最大化，把能使企业运行的内外各要素整合起来，形成一个完整又高效率的具有独特核心竞争力的运行系统，并通过最优实现形式满足客户需求、实现客户价值，同时使系统达成持续赢利目标的整体解决方案。

同时商业模式也是一个非常宽泛的概念，通常所说的的跟商业模式有关的说法很多，包括运营模式、盈利模式、B2B模式、B2C模式、广告收益模式等等，不一而足。

商业模式的设计是商业策略的一个组成部分。而将商业模式实施到公司的组织结构，包括机构设置、工作流程、人力资源、IT架构和生产线等中去则是商业运作的一部分。

商业模式的元素

要打造一个能获利的商业模式，必须具备下列元素：

元素	内容
价值主张	即公司通过其产品和服务，所能向消费者提供的价值。价值主张确认公司对消费者的实用意义
消费者目标群体	即公司所瞄准的消费者群体。这些群体具有某些共通性，从而使公司能够创造价值。定义消费者群体的过程也被称为市场划分
分销渠道	即公司用来接触消费者的各种途径。这里阐述了公司如何开拓市场，它涉及到公司的市场和分销策略
客户关系	即公司同消费者群体之间所建立的联系。通常所说的客户关系管理即与此相关
价值配置	即资源和活动的配置
核心能力	即公司执行其商业模式所需的能力和资格

元素	内容
合作伙伴网络	即公司和其他公司之间，为有效地提供价值并实现其商业化而形成合作关系网络。这也描述了公司的商业联盟范围
成本结构	即所使用的工具和方法的货币描述
收入模型	即公司通过各种收入流来创造财富的途径

商业模式的特征

同时，商业模式必须具有以下两个特征：

1. 商业模式是一个整体的、系统的概念，而不仅仅是一个单一的组成因素。如收入模式、向客户提供的价值、组织架构等，这些都是商业模式的重要组成部分，但并非全部。
2. 商业模式的组成部分之间必须有内在联系，这个内在联系把各组成部分有机地关联起来，使它们互相支持，共同作用，形成一个良性的循环。

商业模式决定营销与获利

不同规模、不同状态的企业、不同行业、不同类型的企业有着不一样的商业模式，但又遵守着许多共同的商业规律。因此，商业模式也永远是共性中有个性，个性又符合于共性的。按企业的状态来看，有创业型企业，有成长型企业，有成熟型企业，有扩张型企业。

对创业型企业来说，最重要的是在创业前一定先设计好商业模式。

由于创业冲动，许多创业者只考虑投资创业的两大要素：

钱和事。要么是拿钱找事，要么是拿事找钱。至于有了钱又有了事怎么能够成功地赚来更多的钱，往往讨论不够，分析不够。经常导致血本无归。即使很多后来成功的企业，也是在不知所谓的成功以后，才来认真琢磨商业模式。

企业创业者必须从以下几个方面去分析商业模式，并不是简单地做可行性分析报告。

首先看要投资或创业、营销的企业是制造业、流通业，还是服务业。如制造业的基本商业模式是“供应—生产—销售”，服务业的基本模式是“采购—销售”。

其次要研究市场。即生产、服务的产品市场有多大，在哪里，你的市场是为哪个层面的客户提供服务，这就是产品定位。

第三要研究竞争对手：即在你的地区、你的市场、你的产品（服务）、你的客户群体内，有哪些竞争对手，这些竞争对手有什么优势，有什么劣势。

第四才是根据外在分析，设计创业的商业模式。

商业模式让企业找到新出路

处于培育期或成长期的企业，一般来说已经初步形成了自己的商业模式。这个期间是一个企业最为关键的时候。

许多企业由于找不到突破口，长期徘徊在一定的销售规模，甚至出现亏损、创业失败，这期间的企业最重要的就是要找创新的商业模式作为突破口。

首先是看自己的企业，这阶段的产品或服务是区域性的还是全国性的。

如果是区域性的，营销人员必须研究同一区域与同一规模的企业，看这些企业的商业模式与本企业商业模式的异同。吸取别人的优点，找到别人的缺点，创造性地改造自己的商业模式。或许，就可以获得成功。

商业模式让老企业找到春天

对处于成熟型的企业来说，选用什么样的商业模式尤为重要。

成熟型企业走过创业的艰难，经历成长期的苦恼，步入平稳发展的成熟期。这时期的企业能否成为全国性、跨国企业，这个阶段便是分水岭。

这类企业的商业模式比较成熟，也比较成型，但这类企业也容易出现两类错误。一类错误是固守商业模式，把历史的成功视为必然，无论环境有多大变化，无论竞争对手是否已经步步紧逼，自己仍然一成不变，墨守成规，机械地沿用原有商业模式，导致最后衰退甚至破产，退出商业舞台。

另一类是盲目认为自己已成功，便不在原有基础上挖掘熟悉的市场空间、产业空间、价值空间，而展开多元化投资、多元化经营，导致驾驭不了新的商业模式而最终走向失败。这类企业想要避免这些错误的发生，就有几个工作要做。

第一是利用领先优势，寻找可能会给自己构成威胁的企业，进行并购整合来消除竞争对手的威胁。

第二是创新商业模式，提升核心竞争能力，商业模式永远没有一成不变的，创新是无限的。

商业模式的类型

商业模式的类型大致上可以区分为两种，分别是“运营性商业模式”与“策略性商业模式”。

“运营性商业模式”重点在解决企业与环境的互动关系，包括与产业价值链环节的互动关系。而“策略性商业模式”则是对运营性商业模式加以扩展和利用，也就是说策略性商业模式涉及企业生产经营的方方面面。

模式	内容
运营性商业模式	1．直供商业模式：应用在市场半径比较小，产品价格比较低或者是流程比较清晰，资本实力雄厚的大公司 2．总代理制商业模式：为广大的中小企业所广泛使用，因为有可靠的总代理，可以省去很多执行面的困难，也有资金援助 3．联销体商业模式：比较有实力的经销商，为了降低商业风险选择了与企业进行捆绑式合作，成立联销体机构 4．仓储式商业模式：很多强势品牌基于渠道分级成本降低，制造商竞争能力大幅度下降的现实，选择了仓储式商业模式，通过价格策略打造企业核心竞争力

模式	内容
	5．专卖式商业模式：选择专卖店商业模式需要具备品牌、产品线比较全、养成消费者行为习惯，因此，专卖商业模式需要成熟的市场环境 6．复合式商业模式：基于企业发展阶段而做出的策略性选择。但是，要特别注意，无论多么复杂的企业与多么复杂的市场，都应该有主流的商业模式，而不能将商业模式复杂化作为朝令夕改的借口
策略性商业模式	1．业务模式：企业向客户提供什么样的价值和利益，包括品牌、产品等 2．渠道模式：企业如何向客户传递业务和价值，包括渠道倍增、渠道集中、压缩等 3．组织模式：企业如何建立先进的管理控制模型，比如建立面向客户的组织结构，通过企业信息系统构建数字化组织等

｜营销VS职场｜

利用核心专长建立你的获利模式

在本课的一开始，世界级管理学大师彼得·杜拉克曾告诉我们："今天企业间的竞争，已经不是产品间的竞争，而是商业模式之间的竞争"。套用他的话，"今天职场间的竞争，已经不是职位间的竞争，而是各人专长之间的竞争。"

如果你只是一个靠体力赚钱的工人，那就可以学学技术，变成技术工作者，再提高你的技术能力，变成一个很优秀的技术工人，技术工人比普通工人赚得多。如果你是一个技术工人，就可以通过努力成为这个领域的专家，技术专家就比技术工人赚得多。你逐步地由一个体力工作者转向半体力、半脑力的劳动者，最后向一个完全使用脑力的劳动者转化，就是一个价值提升的过程。

任何一个人想要实现自己的理想，就需要找到自己的核心专长。

综合起来，核心专长主要有以下七个方面："技术及学习能力"、"读写表达能力"、"语言沟通能力"、"创新能力"、"变革能力"、"组织能力"、"协调和合作能力"，获得这几种核心专长，依靠自身的学习是最主要的，只有具备了这样的能力，才能不断提升自己的身价。

课后重点整理

| 新商业模式让你在商场拔得头筹 |

在选择设计商业模式上，中小企业比较注重战术上的商业模式，如营销策略、产品创新、技术创新、管理创新、价格策略、联盟策略等，大型企业则多着眼于战略上的商业模式选择。

每一种新商业模式的出现，都意味着一种创新、一个新商业机会的出现，谁能率先把握住这种商业机遇，谁就能在商业竞争中先拔得头彩。

备忘录
Memo

22 LESSON 不走大家都走的路：我，就是要与众不同

差异化营销，核心思想是“细分市场，针对目标消费群进行定位，导入品牌，树立形象”。是在市场细分的基础上，针对目标市场的个性化需求，藉由品牌定位与传播，赋予品牌独特的价值，树立鲜明的形象，建立品牌的差异化和个性化核心竞争优势。

课堂学习重点

1. 为什么要做到差异化营销？
2. 差异化营销的前置作业是什么？
3. 差异化营销的功用是什么？有哪些具体措施？
4. 如何在产品、服务、形象三方面达成差异化营销？
5. 差异化营销的优缺点为何？

所谓差异化营销，是指面对已经细分的市场，企业选择两个或者两个以上的子市场作为市场目标，分别对每个子市场提供针对性的产品和服务以及相应的销售措施。企业再根据子市场的特点，分别制订产品策略、价格策略、渠道策略以及促销策略并予以实施。

差异化营销的关键是积极寻找市场空白点，选择目标市场，挖掘消费者尚未满足的个性化需求，开发产品的新功能，赋予品牌新的价值。

差异化营销的依据，是市场消费需求的多样化特性，不同的消费者具

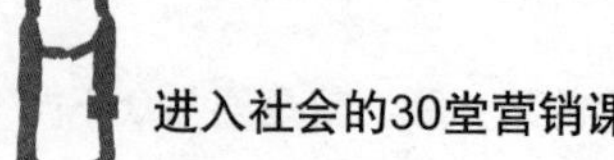

有不同的爱好、不同的个性、不同的价值取向、不同的收入水平和不同的消费理念等等，从而决定了他们对产品品牌有不同的需求侧重，这就是为什么需要进行差异化营销的原因。

差异化营销不是某个营销层面、某种营销手段的创新，而是产品、概念、价值、形象、推广手段、促销方法等多方位、系统性的营销创新，并在创新的基础上实现品牌在细分市场上的目标聚焦，取得战略性的领先优势。

落实市场细分

市场细分是采取差异化营销、分众营销之前必做的功课，所谓的“市场细分”是指营销者藉由市场调研，依据消费者的需要和欲望、购买行为和购买习惯等方面的差异，把某产品的市场整体划分为若干消费者群的市场分类过程。每一个消费者群就是一个细分市场，每一个细分市场都是具有类似需求倾向的消费者构成的群体。

市场可以怎样区分

1. 地理细分：国家、地区、城市、农村、气候、地形。
2. 人口细分：年龄、性别、职业、收入、教育、家庭人口、家庭类型、家庭生命周期、国籍、民族、宗教、社会阶层。
3. 心理细分：社会阶层、生活方式、个性。
4. 行为细分：时机、追求利益、用户地位、产品使用率、忠诚程度、购买准备阶段、态度。

市场细分的基本原理与依据

1. 市场是商品交换关系的总和，本身可以再细分。
2. 消费者异质需求的存在。
3. 企业在不同方面具备自身优势。

市场细分的作用

1．有利于选择目标市场和制订市场营销策略。
2．有利于发掘市场机会，开拓新市场。
3．有利于集中人力、物力投入目标市场。
4．有利于企业提高经济效益。

在消费者心中树立不一样的形象

当技术的发展、行业的垂直分工以及信息的公开性、及时性，使越来越多的产品出现同质化时，寻求差异化营销已成为企业生存与发展的必备武器。

著名战略管理专家麦可·波特是这样描述差异化战略的："当一个公司能够向客户提供一些独特的，其他竞争对手无法替代的商品、对客户来说其价值不仅仅是一种廉价商品时，这个公司就把自己与竞争厂商区别开来了。"

对于一般商品来讲，差异总是存在的，只是大小强弱不同而已。而差异化营销所追求的"差异"是产品的"不完全替代性"，即企业凭借自身的技术优势和管理优势，生产出在性能上、质量上优于市场上现有水平的产品。或是在销售方面，通过有特色的宣传活动、灵活的推销手段、周到的售后服务，在消费者心目中树立起不同一般的形象。

1．产品差异化：满足不同需求

产品差异化是指产品的特征、工作性能、一致性、耐用性、可靠性、易修理性、式样和设计等方面的差异。也就是说某一企业生产的产品，在质量、性能上明显优于同类产品的生产厂家，从而形成独自的市场。

对于同一行业的竞争对手来说，产品的核心价值是基本相同的，所不同的是在性能和质量上，在满足顾客基本需要的情况下，为顾客提供独特的产品是差异化战略追求的目标。举个例子来说，20年前，是10人用一种产品，10年前，是10人用10种产品，而今天是一人用10种产品。因此，任何企业都不能用一种产品满足10种需要，最好推出10种产品满足10种需要，甚至只满足一种需要。

至于企业要实施差异化营销则可以从两个方面着手：

一是特征。产品特征是指对产品基本功能给予补充的特点。大多数产品都具有不同的特征，其出发点是产品的基本功能，然后企业通过增加新的特征来推出新产品。

二是样式。样式是指产品给予购买者的视觉效果和感受。

以我们常见的的冰箱产品为例，市售冰箱的款式就有欧洲、亚洲和美洲的三种不同风格。欧洲风格是严谨、方门、白色表现；亚洲风格以淡雅为主，用圆弧门、圆角门、彩色花纹、钢板来体现；美洲风格则突出华贵，以宽体流线造型出现。端看消费者喜欢、需求哪种商品，自行决定添购即可。

2．服务差异化：照顾到全方位

服务差异化是指企业向目标市场提供与竞争者不同的优异的服务。尤其是在难以突出有形产品的差别时，竞争成功的关键常常取决于服务的数量与质量。

区别服务水平的主要因素有送货、安装、咨询、维修等，售前售后服务差异就成了对手之间的竞争利器。

在日益激烈的市场竞争中，服务已成为全部经营活动的出发点和归宿。如今，产品的价格和技术差别正在逐步缩小，影响消费者购买的因素除产品的质量和公司的形象外，最关键的还是服务的质量。

服务能够主导产品的销售的趋势，服务的最终目的是提高顾客的回头率，扩大市场占有率。而只有差异化的服务才能使企业和产品在消费者心中永远占有一席之地。

3．形象差异化：塑造不同观感

形象差异化是指通过塑造与竞争对手不同的产品、企业和品牌形象来取得竞争优势。形象就是公众对产品和企业的看法和感受。塑造形象的工具有：名称、颜色、标识、标语、环境、活动等。

以色彩来说，柯达的黄色、富士的绿色、百事可乐的蓝色、可口可乐的红色等都能够让消费者在众多同类产品中很轻易的识别。

在实施形象差异化时，企业一定要针对竞争对手的形象策略，以及消费者的心智而采取不同的策略。企业只要巧妙地实施形象差异化策略就会收到意想不到的效果。

宝洁（P&G）的差异化营销

在世界著名的跨国公司中，宝洁（P&G）公司是实行差异化营销的典型，它的洗衣粉就有11个品牌，有强力去污的“碧浪”，价格较高；去污亦强但价格适中的“汰渍”。洗发精则有6个品牌，有品位代表的“沙宣”；潮流一族的“海飞丝”；优雅的“潘婷”；新一代的“飘柔”。此外，它还有8个品牌的香皂，4个品牌的洗涤液，4个品牌的牙膏，3个品牌的清洁剂，3个品牌的卫生纸等。

差异化营销的优点和缺点

企业采用差异化营销策略，可以使顾客的不同需求得到更好的满足，也使每个子市场的销售潜力得到最大限度的挖掘，从而有利于扩大企业的市场占有率。同时也大大降低了经营风险，一个子市场的失败，不会导致整个企业陷入困境。

差异化营销策略大大提高了企业的竞争能力，企业树立的几个品牌，可以大大提高消费者对企业产品的信赖感和购买率。多样化的广告，多渠道的分销，多种市场调研费用，管理费用等，都是限制小企业进入的壁垒，所以，对于雄厚财力、强大技术、拥有高质量的产品的企业，差异化营销是良好的选择。

然而，差异化也有自身的局限性，最大的缺点就是营销成本过高，生产一般为小批量，使单位产品的成本相对上升，不具经济性。

另外，市场调研、销售分析、促销计划、渠道建立、广告宣传、物流配送等许多方面的成本都无疑会大幅度的增加。这也是为什么很多企业做差异化营销，市场占有率扩大了，销量增加了，利润却降低了的原因所在。

差异化营销时要关注消费者

在以不断推出新的概念或营销手法吸引眼球的今天，各厂家更是热衷于产品创新，藉由挖掘产品自身的功能性卖点，不仅可以更加区别于竞争品牌，也可让产品身价陡增。

只要产品能脱颖而出，就可以吸引和转移消费者视线，营销也就成功一半了，因此不少厂家不遗余力进行产品创新，但是也因而忽视了消费者，令创新后的产品偏离了目标消费群的需求，最终使营销与运营陷入被动。

差异化创新是个系统工程

不管是产品属性的增加，诉求的改变，还是品牌重新定位，都是产品创新的范畴，创新后的产品自然是一个全新产品，如果我们把原产品的目标消费层定为主流顾客群，那么新产品的目标消费层可称为超前顾客群，问题也就明显了，当产品创新越多，则企业获得区别对手的差异化就越显著，成功的可能性也就会越大，然而与此同时，超前顾客群就越容易偏离主流顾客群。要确切抓住新的目标受众，企业必须基于产品创新做一连串的调整，调整范围几乎涉及企业各个层面。差异化战略要求产品、品牌、战略、渠道选择等元素化为一体，相互适应与协调，当给某种产品附加了区别于对手的某种属性后，品牌的定位也会发生一定的偏离或变化，在这个时候要求企业各部门作出相应的调整，而厂家往往会当局者迷，认为产品的变化是微小的，无需小题大做，更重要的原因是各部门为回避变革风险和维护自己既得利益而不愿调整战略、组织形式，渠道结构等等，导致新产品难以与旧的战略、渠道相匹配，直接造成整个内部系统运营协同失效。

产品创新与品牌延伸

很多营销人员忽视品牌的架构科学，他们不太理解母品牌与子品牌的关系，只是盲目丰富产品线，觉得如此一来可以实行精确营销，使产品更加贴近每个细分消费者群体的核心利益。

其实，母品牌充当保护伞的能力有限，忽视品牌延伸的范围，品牌误用，在一个母品牌下，丰富产品线，中、高、低端均用同一品牌，这是很危险的，一个品牌包涵多个概念，使品牌在消费者心目中的定位混乱，在做购买决策时往往会感到无所适从。

丨营销VS职场丨

职场成功在于与众不同

在职场中，我们会发现，大多数人是反应性的做事情，即等到老板提出问题才去解决问题，往往太强调过程而且不愿承担责任，信奉少做决定少犯错，总是在争输赢，并且喜欢从负面来看事。

这样的个性，当然不可能在职场中获得良好的发展。

扭转这种情形最好的办法就是利用差异化原理，也就是说，反推即可得出与众不同的行事原则，具体的策略为：积极主动地发现问题解决问题，而并非等老板来做一切；从结果来评价自己，而并非把过程当作自己没有完成任务的借口；勇于承担责任，有老板意识；以双赢思路来考虑问题，包括与同事及客户间的关系；积极正面去看待遇到的挫折。

课后重点整理

|在狭窄的细分市场上寻求一席之地|

让品牌或商品在众多杂音中能够发出清晰而独特的声音，得到顾客的青睐，就应当保持与众不同、杰出特征、独一无二的个性和精神，许多厂家集中资源打造自己专业优势，藉由差异化营销手法形成领先独特优势，在狭窄的细分市场上寻求一席之地。

由于差异化营销是针对竞争对手而采取的营销策略，因此企业在进行差异化营销策划前必须要对自己的产品，市场环境，竞争对手的情况有一个科学准确的调研和评估。

而且差异化营销是一种整体化的运作模式，作为综合性的营销手段，涉及到营销、策划、生产、申报、财务等多个环节，因此需要多个部门的密切协调和配合，需要企业有规范化的营销管理能力。

23 LESSON 跟着浪头往前进：顺势让你营销更省力

大家常说："三流企业做事，二流企业做市，一流企业做势。"其实，营销也是如此，最聪明的营销就是在市场中审时度势、顺势而为，营销的本质就是"营势"、"谋势"，"谋势者"方能执市场之牛耳，花小钱办大事。

课堂学习重点

1. 什么叫做造势营销？有哪些势可以"造"？
2. 造势营销的重点是什么？
3. 造势跟借势的关系？
4. 该如何造势？有哪些步骤、工具可以用来造势？
5. 造势营销要引起怎样的效果？

2009年3月，澳大利亚昆士兰旅游局策划的"岛主"招聘活动吸引了全球近3.5万人应聘，花170万澳元让全世界迷上大堡礁。

2008年11月4日，美国民主党总统候选人奥巴马在芝加哥宣布大选获胜，当选美国新一届总统，其获胜也给我们上了一堂精彩的"You"时代营销课。

相信大家一定对这些事情还记忆尤深，这些既是造势营销的经典范例，更是艺术的完美诠释。谁都无法否认的是，当前我们奋力厮杀的商业战场上，正发生着翻天覆地的变化，传统的营销、公关沟通方式早已被颠覆。

因此“世界整合营销之父”唐舒尔兹教授曾经表示：“营销界需要做一个根本性的改变，互动体验式的在线营销将是整合营销行业发展趋势。在这种大趋势之下，不管你身处哪个行业，必须学会营销造势！”

引起大家注意就对了

所谓“造势营销”，就是举办活动，或制造事件，再通过大众传播媒介的报导，引起社会大众或特定对象的注意，造成对自己有利的声势，达到企业扬名的目的，进而提高品牌的知名度，在公众中建立良好的企业形象，以及改变那些对企业不友善的态度或者不利于企业的看法。

造势营销的手段多种多样，一般都经过事先周密的策划，利用新闻传播、报导、演说以及诸如记者招待会、组织参观、有奖征答等特殊事件来实现。赞助文化、体育、教育、慈善等事业的活动等，也都属于公关造势的具体手段。

借势与造势双管齐下

现在的营销，包含了“借势”和“造势”，通过以上2种手法的有效配合，可以达到一般广告宣传无法达到的宣传效果。借势与造势，首先应确定宣传目标，让整个营销计划围绕这个目标制订，切忌不能生搬硬套，否则，会引起目标人群的反感，起不到预期的效果。

所谓的“借势”，意指借助社会上受关注的新闻事件以及各种效应，例如明星效应、体育影响等，将自己的产品与这类新闻事件结合在一起，以此得到社会的关注，从而达到提高宣传效果的目的。

所谓的“造势”，意指围绕自己的宣传目标，制造受人关注的新闻事件、活动、舆论、概念等，让人们在关注此新闻事件的同时，关注自己的产品。让自己的产品借着新闻事件的影响力让消费者了解，也应属于变相的借势。

借势与造势，就好比站在巨人的肩膀上向大家招手，效果绝对比自己一个人使劲地在坪地上招手来的强过百倍。因此，借势，要借得恰如其分；造势，要造得独有创意。“借”和“造”相互严密的配合，才能得到预期的效果。

利用社会资源来造势

企业要学会造势，就必须学会利用社会资源。社会资源的力量无限大，大到可以让一个普通人一夕成名，也能让一个企业转瞬日进万金，关键就在于，你如何去寻找属于自己品牌的资源，并把它引爆。

在各种资源中，企业应该特别注意口碑资源。营销全凭一张嘴，如果能运用舆论资源，制造社会谈论焦点，制造流行，就能达到“口碑可当百万雄师”的效果。

运用口碑资源的第一招是抢占意见领袖。比如：高级威士忌和高级雪茄的意见领袖有两类人，一类人是企业高层管理者，第二类就是政府公务员；学生食品的意见领袖，就主要是学校里面的学生会干部和先进学生以及体育运动员；青少年运动用品的意见领袖，往往是明星和一些时髦青年等等。

选择题材好造势

造势前找好所需的题材是至关重要的，这是造势工作的核心，除了随机而动的突发事件之外，这些题材一般都是企业经过研究分析后选定的。

以下是几个造势的好题材，供营销人员参考：

（1）自己造料

放眼内部，挖掘潜力，创造对企业有利的新闻，这种方式没有一定模式或原则可以遵循，主要是依靠操作者广博的学识和丰富的想像力以及敏锐的市场嗅觉，去捕捉突如其来的灵感。

（2）紧抓新闻事件

对于发生在身边的各种新闻事件要善于分析和观察，注意从中找出与企业和产品的结合点，利用其中的商机为企业服务。

（3）锁定公益事业

藉由投入一定的时间和金钱来从事一些公益性的活动，以提高品牌在公众中的形象。

实用造势好工具

工具	说明
广告	找出商品的卖点，例如功能性、技术性、概念性或公益性，然后利用各种形式的广告，把话题炒热
新闻发布会	企业新闻发布会的原因一般会有以下几种：新产品开发、企业经营方针的改变、企业首脑或高级管理人员的变更、新工厂的上马或旧工厂的扩建、企业合并、企业创立周年纪念日、企业的产品获奖、与企业相关的重大责任事故的发生等
新产品推介会	选择在大型商场、专卖店或者购物中心门口，挑选人流比较集中的时间，不妨再设计相关活动表演，以活跃会场，招聚人气
展览会	例如世贸等地举办的展览会，可以招揽业主与顾客，是媒介生意，带动人气的好地方
研讨会	借研讨会之名，商家宣传广告之实，把研讨会演绎成造势方法，由企业赞助邀请行业专家和媒体记者参加，研讨题目一般都与企业的新技术和新产品等有关，会上除了阐述企业和行业的最新发展动态之外，主要是企业趁此机会向媒体和业界人士介绍自己的产品，让大家有更多的了解
打官司	打官司，在现代营销造势的理论与实践中，早已不再仅仅是矛盾双方解决问题的办法而已，而是被企业赋予了新的功能和使命，那就是造势
知名人士	利用名人的声望和聚集眼球的能力，作为光环罩在企业的头上，为自己的企业做宣传，已经是造势当中的常见手段
掀起战争	企业在宣传造势中，要是一个人唱独角戏，不免显得孤掌难鸣了，最好能掀起与对手的叫嚣战争。首先可以吸引媒体的关注和大量报导，在消费者当中造出声势，进而吸引更多的消费者的购买，此招不用大量花钱做广告就能提高销量
挑战同业巨头	这招叫站在巨人的肩上，明知自己势单力孤，但还是要向同行业的巨头挑战，其目的是借挑战之机为自己扬名，实力悬殊，不过胆量很足这是绝好的新闻点

利用造势快速突破障碍

小企业的资源有限，耗不起持久战，因而利用造势快速突破发展的天花板，不能让战线拉得过长过久，否则就等于失败。

快速突破的第一步是“单品突破”，即选择以一个核心产品进入市场。该核心产品是比较成熟、高性价比的基本型产品，可把它作为带头产品，把这一单品做成区域内热销的精品，形成“单品突破”，在区域内形成消费者的良好口碑，提升品牌形象，减少企业的营销投入，而最大的利益在于单品突破后，可带动后续的产品跟进销售。

第二步则是快速建立渠道，并进行爆发式铺货。爆发式铺货的要求是：速度快、数量大。同样是要集中资源，集中所有的业务员，与经销商一起，在指定市场、指定时间内，迅速把货铺完。避免通常那种慢吞吞的铺货方式，务必要集中资源，突然爆发。

在这同时，广告和促销攻势也要跟上。一般人投放广告，都象挤牙膏似的，一点点来，希望用最少的钱，把全年每个月份都排满，显得月月都有广告。

其实，投放广告根本不是这么回事。它应该像烧开水一样，要不断加火，一直往里面加，直到迅速把水烧开，宁愿烧到120度，浪费一些钞票，也不要为了节约钱，只烧到70度，因为烧到70度跟没烧一个样。

总之，在市场中，善造势者生存。要想成为造势高手，平常就要懂得积聚力量，要蓄势，待到关键时刻到来，倾力一博，必有胜利在等着你！

|营销VS职场|

职场新人要懂得为自己造势

作为职场新人的你，如果还在考虑是否要蓄势待发以等时机，那么你就很有可能错过发展的大好时机。职场竞争，早已不是坐等时势来临的时代，真正的职场英雄也已披挂上阵，为自己造势，不仅要学会如何力争上游，更要学会如何经营人际关系。

初入职场的新人，青春年少，公司里大多数人都比你年长，你的一举一动，这些前辈都看在眼里。

因此，在为自己造势方面，基本不需要刻意用语言表达，只能以自己的行动、谈吐，和处理日常点滴琐事的敬业精神和能力让老板、同事、客户都觉得你是个可造之材，那么你就基本成功了。

课后重点整理

|趁势造势是成功的关键|

孙子兵法里面说的："故善战人之势，如转圆石于千仞之山者，势也"。

何谓势？孙子兵法解释："激水之疾，至于漂不者，势也。"湍急的流水，飞快地奔流，以致能冲走巨石，这就是势的力量。

企业在市场竞争的商战中，只有占有优势，才可先声夺人。处在不同发展阶段的企业，谋势的重点又有不同：初级阶段造势，发展阶段要蓄势，成熟阶段要乘势。

而造势又是企业在营销上的入门课、必修课，造势水平的高低将直接决定一个企业能否脱颖而出，创业成功。

24 LESSON 每笔数据都是重要情报

所谓数据库营销，就是企业藉由收集和累积消费者的大量信息，经过处理后预测消费者有多大可能去购买某种产品，以及利用这些信息给产品以精确定位，有针对性地制作营销信息，以达到说服消费者去购买产品的目的。

课堂学习重点

1．什么是数据库营销？有哪些优点？
2．数据库营销可以达到什么目的？
3．数据库营销的特点是什么？
4．数据库营销的运作程序为何？
5．为什么数据库营销也会失败？

数据库营销的具体做法，是利用企业经营过程中，收集、形成的各种顾客资料，经分析整理后，作为制订营销策略的依据，并作为保持现有顾客资源的重要手段。

数据库营销广泛运用在网络营销、直邮广告、电话营销等领域中。

优点多多的数据库营销

数据库营销的优点有三，分别是：“具有可测度”、“具有可测试性”以及“降低成本，提高营销效率”。

1. 具有可测度

数据库营销是唯一可测度的广告形式。营销人员能够准确地知道如何获得客户的反应以及这些反映来自何处，这些信息将被用于继续、扩展或重新制订、调整营销计划。

而传统的广告形式（报纸、杂志、网络、电视等）只能面对一个模糊的大致的群体，究竟目标人群占多少无法统计，所以效果和回馈率总是让人失望。

2. 具有可测试性

数据库营销就像科学实验，每推进一步，都可以精心地测试，其结果还可以进行分析。假设你有一间酒吧，可以发出一封邮件，宣布所有光临的女士都可以免费获得一杯鸡尾酒。而在另一封邮件中，你可以宣布除周六、周日外所有顾客都可以获得8折优惠。在进行一段时间的小规模测试后，计算哪一封邮件产生的回报最高，之后就运用获得最佳反应的方案进行更大规模的邮寄。不管企业的大小如何，只要运用适当的形式，都可以进行小规模的测试，以便了解哪种策略最有可能取得成功。

3. 降低成本，提高营销效率

数据库营销可以使企业能够集中精力于更少的人身上，最终目标集中在最小消费单位到个人身上，实现准确定位。目前美国已有56%的企业正在建立数据库，85%的企业认为他们需要数据库营销来加强竞争力。

由于运用消费者数据库能够准确找出某种产品的目标消费者，企业就可以避免使用昂贵的大众传播媒体，可以运用更经济的促销方式，从而降低成本，增强企业的竞争力。具有关数据统计，运用数据库技术进行消费者筛选，其邮寄宣传品的回馈率，是没有运用数据库技术进行筛选而发送邮寄宣传品的回馈率的10倍以上。

4．获得更多的长期忠实客户

权威专家分析，维持一个老顾客所需的成本是寻求一个新顾客成本的0.5倍，而要使一个失去的老顾客重新成为新顾客所花费的成本则是寻求一个新客户成本的10倍。

如果比竞争对手更了解顾客的需求和欲望，留住的最佳顾客就更多，就能创造出更大的竞争优势。用数据库营销经常地与消费者保持沟通和联系，可以维持和增强企业与消费者之间的感情纽带。

另外，运用储存的消费记录来推测其未来消费者行为具有相当精确性，从而使企业能更好地满足消费者的需求，建立起长期的稳定的客户关系。

5．企业制胜的秘密武器

传统营销中，运用大众传媒，诸如报纸、杂志、网络，电视等大规模地宣传新品上市，或实施新的促销方案，容易引起竞争对手的注意，使他们紧跟其后推出对抗方案，势必影响预期的效果。而运用数据库营销，可与消费者建立紧密关系，一般不会引起竞争对手的注意，避免公开对抗。

如今，很多知名企业都将这种现代化的营销手段运用到自身的企业，将其作为一种秘密武器运用于激烈的市场竞争中去，从而在市场上站稳脚跟。

数据库营销的目的

目地	说明
了解顾客的需要	针对客户的需要，提供合适的产品
提供更好的服务	顾客数据库中的数据，是个性化营销和顾客关系管理的重要基础
评估顾客的价值	藉由区分高价值顾客和一般顾客，对各类顾客采取相应的营销策略
了解顾客的价值	利用数据库的数据，可以计算顾客生命周期的价值，以及顾客的价值周期
分析顾客需求行为	根据顾客的历史数据不仅可以预测需求趋势，还可以评估需求倾向的改变
市场调查和预测	数据库为市场调查提供了丰富的数据，根据顾客的数据可以分析潜在的目标市场

数据库营销的特点	
1．提供直接可控的、个性化的服务	
2．竞争隐蔽化	3．沟通渠道多样化
4．成本最小化，效果最大化	5．科技含量高

深入了解数据库营销的运作程序

一般来讲，数据库营销一般经历数据采集、数据存储、数据处理、寻找理想消费者、使用数据、完善数据等六个基本过程。

1．数据采集

数据库数据一方面通过市场调查消费者消费记录，以及促销活动的记录，另一方面利用公共记录的数据，如人口统计数据、医院婴儿出生记录、患者记录卡、银行担保卡、信用卡记录等都可以选择性地进入数据库。

2．资料存储

将收集的数据，以消费者为基本单元，逐一输入计算机，建立起消费者数据库。

3．数据处理

运用先进统计技术，利用计算机把不同的数据综合为有条理的数据库，然后在强有力的各种软件支持下，产生产品开发部门，营销部门，公共关系部门所需要的任一何详细数据库。

4．寻找理想消费者

根据使用最多类消费者的共同特点，用计算机勾划出某产品的消费者模型，此类消费群具有一些共同的特点，比如兴趣，收入，以采用专用某牌子产品的一组消费者作为营销工作目标。

5．使用数据

数据库数据可以用于多个方面：签定购物优惠券价值目标，决定该送给哪些顾客；开发什么样的新产品；根据消费者特性，如何制作广告比较有效；根据消费记录判定消费者消费档次和品牌忠诚度。

如特殊身材的消费者数据库不仅对服装厂有用，而且对于减肥药生产厂、医院、食品厂、家俱厂很有用。因此，数据库不仅可以满足信息，而且可以进行数据库经营项目开发。

6．完善数据库

随着以产品开发为中心的消费者俱乐部，优惠券回馈，抽奖销售活动记录及其他促销活动而收集来的信息不断增加和完善，使数据不断得到更新，从而及时反映消费者的变化趋势，使数据库适应企业经营需要。

如何利用数据库营销进行业务

开始数据库营销，就要先解决客户数据库的建立，那么，有哪些途径可以带出客户数据呢？用什么工具比较适合需要呢？我们以最古老的邮购业务做示范，看看该怎样进化成具有信息化特质的数据库营销。

邮寄目录的一般流程是：

邮寄地址的收集获取 → 直接邮递广告服务 → 等待客户订单 → 货物的配送 → 退货处理

信息化的数据库营销流程也就是：

邮件地址的收集获取 → 邮寄地址整理入数据库 → 直接邮递广告服务 → 等待客户订单 → 更新客户消费行为 →货物的配送 → 更新客户消费行为 → 退货处理 → 更新客户消费行为 → 精准的直接邮递广告服务 → 等待客户订单 → 更新客户消费行为。

由此可见，客户数据库的建立是开始数据库营销的第一件要事，之后的更新客户消费行为则是数据库营销的重点。细致地完成这两项工作后，就达到数据库营销的目的，提升企业的销售力，减少冗余的广告投入，进而产生更丰厚的利润。

小心！数据库营销也可能会失败

在很多企业数据库营销实践中，却经常因为各种各样的原因而失败。

失败原因之一：缺乏营销战略

很多企业认为只要找家系统集成商建立了数据库，并且购买相关的专业软件，就能够解决根本的数据库营销问题，但事实远非如此。

对于企业来说，数据库和相关的软件只是带来费用，而并不产生利润。

营销利润的真正产生，必须通过与客户个性化的沟通所建立起的客户忠诚，或经由交叉销售等提升的客户价值来实现。

失败原因之二：缺乏有效的客户信息

成功的数据库营销战略都要求建立客户分群，并且通过对客户群的行为价值分析，设计出针对性的营销策略来吸引不同客户分群的兴趣。这往往要求企业采集和掌握客户相关的更深入的知识，并且运用这些知识来指导相关营销策略的设计。

失败原因之三：缺乏强有力的领导者

在任何一个成功的数据库营销项目中，都需要公司有一个强势的领导力来推动数据库营销项目的实施。

数据库营销不仅仅需要营销管理人员提出想法，更重要的是能够推动管理层采纳，协调资源落实实施。这就需要企业建立一个项目团队。而项目团队的领导，必须有着强大的执行力，不仅仅对数据库营销的过程了解，而且还应能够协调公司内外部的资源，说服和推动管理层采纳营销方案的策划，并且有着足够的授权来组织适当的资源来付诸营销实施。

失败原因之四：不计算客户生命周期价值

客户生命周期价值是企业未来从某一特定客户身上通过销售或服务所实现的预期利润。

失败原因之五：关注价格，而不是服务

成功的数据库营销目标是建立客户忠诚，而价格折扣并不能做到这一点。

如果企业应用营销数据库来进行价格折扣，这样的数据库营销就很有可能会最终失败，这是因为每个客户都在想得到更低价格的同时，也希望能够被区别对待、享受更好的服务、获取更多的服务与产品信息、得到更加便利的服务和技术支持。

失败原因之六：缺乏客户分析能力

很多企业不缺资料，不缺客户，就是因为缺乏基本的客户分析经验，不知道如何策划个性的营销方案，营销的水平仍维持在大众营销的程度。在这种情况下的数据库营销，也达不到预期的效果。

失败原因之七：对待所有的客户一视同仁

营销人员必须确认，在企业的客户群中，有些客户群是更有价值的，而有些客户是毫无价值的。向最高端10%的高价值客户群提供更好的服务，提高他们客户的忠诚度，确保这些客户能够更长期的保留下来，才是企业长期成功的根本所在。

失败原因之八：从不开发客户维系营销项目

企业设计的绝大多数营销活动都是针对新客户获取的，而不是针对现有客户的维系。这些企业的营销策划人员更关心如何实现销售目标，以及从新发展的客户所获得的销售佣金，反而很少来设计客户维系营销项目来保留现有客户。

失败原因之九：没有充分利用网络等多渠道营销技术

其实通过与客户数据库的连接，网络技术已经变成与现代客户沟通的基本方式，可以帮企业创造更高的利润。

失败原因之十：缺乏测试与控制

很多企业营销的策划与执行往往是脱节的，市场部门负责营销的策划，而客户服务部门负责营销的执行，没有人整体考虑和控制数据库营销中的测试与验证的环节，造成大多数企业的营销策划和执行根本没有形成测试、验证的营销循环，数据库营销的效果不好也就不足为奇了。

| 营销VS职场 |

你非得做好人际关系管理不可

在职场上，做好人际关系管理就是做好数据库营销，因为每一个人脉，从比较功利的角度来看，都能为我所用，因此人际关系管理是人生管理中最重要的内容，人的一生都是要与人打交道，掌握好人际关系，就掌握了人生。人际关系管理要点首先要高度重视人际的沟通，任何时候与人交往的时候，都要抱以认真、投入的态度，交往时心不在焉、毫无热情的人不会有很好的人际关系。其次，把注意力更多地转向周围的人，人际关系的维护并不需要整天在一起唠唠叨叨，也不需要到处郊游，别人只需要你偶尔的关注。

天上不会掉下馅饼来，人际关系也是一样，要发展广泛、良好的人际关系，你必须主动去寻找。一个经常不出门、少来往的人很难发展广泛的人际关系，一个心理封闭、不肯接纳习性不同者的人很难让别人走进你的生活，一个不喜欢交流与分享的人很难与别人建立起深厚感情。

一个等待人际关系来找你的人，将永远等下去，任何时候，你必须积极主动地发展你的人际关系。

课后重点整理

| 数据库营销的性价比很高 |

随着信息技术，通讯发展及计算机普及应用，肯定有愈来愈多的企业将会采用数据库营销这一现代化的营销方式，因为在未来激烈的市场竞争中，没有什么比了解消费者习惯和爱好更为重要了。

但是，数据库营销要想获得成功，首先需要站在客户的角度思考，并且理解为什么要在营销数据库中做这些工作，然后再设计针对性的营销项目来取悦客户。

数据库营销是经济危机下性价比※很高的营销方式，掌握方法、避免错误才能获得最好的效果。

※ 性价比

“性价比”就是产品的性能价格比，是一个性能与价格之间的比例关系！比如买东西，A的性能指数为100，价格为100，其性价比等于1，由于B是名牌，但是性能不及A，于是B的性能指数为90，价格为120，其性价比为0.75，那么根据所得比值，购买A商品比较划算，性价比高！

25 LESSON 抓住老客人：让客户帮你推销

商业活动需要创新，引领商业活动的营销更应当创新，口碑营销的崛起，正是营销创新中观念创新、策略创新、方法创新和市场创新的具体表现。

口碑营销被营销人员称为“病毒式营销”，主要是因为其传播的影响力之大。不少人发现，产品拥有一个良好的口碑，往往会产生更大的利润价值。

课堂学习重点

1. 口碑营销的内涵是什么？
2. 要怎样塑造口碑？造成影响和效果？
3. 口碑营销最常被运用在哪些领域？
4. 如果产生不满的口碑时，营销人员该怎么处理？
5. 要让口碑营销成功，应该有哪些条件？

口碑（Word of Mouth）源于传播学，由于被市场营销广泛地应用，所以有了口碑营销。

传统的口碑营销是指企业通过朋友，亲戚的相互交流将自己的产品信息或者品牌传播开来。现今的口碑营销则是，企业在调查市场需求的情况下，为消费者提供需要的产品和服务，同时制订一定的口碑推广计划，让消费者自动传播公司产品和服务的良好评价，从而让人们藉由口碑了解产品、树立品牌、加强市场认知度，最终达到企业销售产品和提供服务的目的。

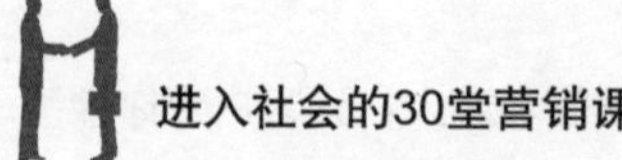

口碑是怎么产生的呢？口碑来自消费者心中的那杆秤，消费者通过各种不同方式在接触企业，包括企业的产品广告、产品价格、产品质量、产品服务、公司网站、销售人员、售后服务，甚至是企业现场、接待人员、服务热线等等的过程中，他心中的那杆秤就会自动拿出来，不断地秤一秤、量一量，每一项内容他都会给你打分，最终加权平均得到的综合分数就代表着该品牌的口碑。

而让消费者满意的分数就是好口碑，让消费者不满意的分数就是坏口碑。由于口碑的形成需要企业有系统地去打造，决非一日之寒，因此，打造口碑必须做到“莫以善小而不为，莫以恶小而为之”。

网络是利用口碑营销的好平台

口碑营销实际上早已有之，地方特产及企业的品牌战略等，其中都包含有口碑营销的因素。网络营销中利用口碑营销的模式更广。

由口碑营销与网络营销结合起来的网络口碑营销，旨在应用因特网的信息传播技术与平台，藉由消费者以文字等表达方式为载体的口碑信息，其中包括企业与消费者之间的互动信息，为企业营销开辟新的通道，获取新的效益。这种新营销模式的诞生，有适合成长的外部环境。

在网络博客火爆以后，有些聪明的广告主将产品无偿提供给博客用户试用，并让他们把对产品使用的体验、感受写成博客文章发表，让大家共享，这便是网络口碑营销的最初形式。

随后，因特网上又出现了几种网络口碑营销的不同平台：一是电子商务网站自我服务式的口碑营销区块，主要发布经历过网上交易的消费者的口碑信息，以给新买家以购物指导。与以往相比，网络营销的主体、物品和方式都在发生着变化，填鸭式灌输与自我标榜式的时代即将结束，每一个消费主体在企业营销中的地位已逐渐由被动转为主动，消费者也拥有了更多的发言权。

消费者一席话胜过广告千万句

往往广告内容说得再天花乱坠，广告画面再美仑美奂，也敌不过消费者的一句话有说服力，这种现实对营销人来说，既是挑战更是机遇。

只要营销人转变观念，创新方法，通过正确的沟通引导，将会使每个消费者都有可能成为产品的营销者，并使接受传播的对象由笼统的群体变成了一个个具体的、精准的目标。人们在日常的消费行为中，不仅需要物质上的满足，还要得到精神上的尊重和自我价值实现的需要，而沟通交流正是实现后者需求的必要条件与途径。

让消费者情绪有适当的抒发

口碑营销当中，有一点非常重要，就是要让消费者的情绪有适当的抒发，而不是一昧地想要阻止、消除不满的言论。营销人员要积极和正确应对消费者不满的口碑信息，这不仅是市场营销部门的职能，而且是企业所有部门应负的责任。

推行口碑营销，特别要注重与消费者的沟通交流，这并非是要说服他们把对企业不利的信息改为对企业有利的内容，而是首先要尊重消费者发表不满口碑信息的权利，并把批评或质疑的消费者言论，视为企业千金难买的金石良药。

能正确对待和接纳消费者的不满，不仅是对营销人的眼光、气度、智慧等综合素质的考验，而且是具有核心竞争力的实在体现。

在藉由沟通交流展现企业诚信与良好形象之后，再想方设法把消费者的不满转化为企业前行的动力，进一步改善各种不足，产出满意的产品和服务，重新接受消费者的检验与评判。营销人与企业要切忌走制造虚假口碑的快捷方式，因为广大消费者的眼睛是雪亮的，搞不好就会弄巧成拙。既然“不满”会是消费者撰写“不利”口碑信息的内驱力，那么实实在在的“感动与满足”，再加上通过网络小区等渠道致使双方情感纽带的建立与紧密，这些肯定也会成为身临其境的消费者提供“有利”口碑信息的动力。

以消费者的不满为市场导向的企业文化管理，反过来将更能强化企业的市场营销。企业要想把消费者的口碑信息由不利转化为有利，是靠企业自身诚信与质量的提升，靠真心诚意的实际行动使之感化。只要企业坚持进行正向操作，那不管怎样的口碑信息都可以殊途同归，共同促进企业宗旨与愿景的实现。也正是基于此，口碑营销才能沿着正确的道路健康有序地发展。

利用口碑卖苹果

美国墨西哥州高原地区有一位苹果园主，是个很有创新精神的经营能手。有一次，在苹果成熟期来了一场特大冰雹，把结满枝桠的大红苹果打得遍体鳞伤。面对已经预订的9000吨销售合约和创伤严重的满园苹果，他心事重重的在园里踱着步子，随手拾起一个打落在地的苹果咬了一口，发现雹打后的苹果肉竟是更清香扑鼻，甜脆爽口，这时一个绝妙的主意就在他脑子里蹦出。他命令手下立即把苹果包装发运出去，在每只箱里附上一张纸片：这批货个个带伤，但请看好，这是冰雹打的痕，是高原地区苹果的特殊标记；这种苹果，果紧肉实，具有妙不可言的果糖味道。从此，人们不仅接受了高原苹果，甚至还专门要求提供带痕的苹果。

掌握口碑营销成功的必要条件

下面的5个要点，是口碑营销成功的必要条件，不注意这些，口碑营销实践肯定就不会有所成就。

1. 寻找意见领袖

意见领袖是一个小圈子内的权威，他的观点能被粉丝广为接受，他的消费行为能为粉丝狂热模仿，口碑传播者分成强力型和随意型两种，强力型主导传播的核心价值，随意型扩大传播的范围。口碑营销要取得成功，强力型口碑传播者和随意型口碑传播者都不可或缺。

倘若你是销售计算机的，那么邀请计算机专业媒体的记者来试用一番，通过他们的生花妙笔来传播产品信息，便可以较高的可信度征服消费者。

在Web2.0时代，每个人都可能是一个小圈子里的意见领袖，关键是营销人员是否能慧眼识珠，找到这些意见领袖。

2．制造稀缺，生产病毒

病毒营销中的“病毒”，不一定是关于品牌本身的信息，也可以是基于产品本身的口碑。这就要求你的产品要足够酷，要有话题附着力，这样才容易引爆流行，掀起一场口碑营销风暴。

3．整合营销传播

口碑营销必须辅之以广告、辅助材料、直复营销、公关等多种整合营销方式，相互取长补短，发挥协同效应，才能使传播效果最大化。

4．实施各类奖励计划

给消费者优惠券、折扣等各种各样的消费奖励，让他们帮你完成一次口碑传播过程，你的口碑营销进程也会因此大大提速。

5．放低身段，注意倾听

好事不出门，坏事传千里，口碑营销的主要工作之一，与其说是将好的口碑传播出去，不如说是管理坏口碑。但堵不如疏，好办法是开设企业博客、品牌虚拟社区，及时发布品牌信息，收集消费者的口碑信息，找到产品服务的不足之处，处理消费者的投诉，降低消费者的抱怨，回答消费者的问题，引导消费者口碑向好的方向传播。

口碑营销的步骤

步骤	说明
鼓动	锁定赶潮流者以及产品消费的主流人群，让他们最先体验产品，只要使用经验不错，他们便会在第一时间向周围朋友圈传播产品本身质地、原料和功效，以引发别人跟着去关注某个新产品或是新业务
价值	任何一家希望通过口碑传播，来实现品牌提升的公司，都必须设法精心修饰产品，提高健全、高效的服务价值理念以便达到口碑营销的最佳效果
回报	当消费者通过媒介、口碑获取产品信息并产生购买时，他们希望得到相应的回报，如果盈利性企事业单位提供的产品或服务能够让受众的确感到物超所值，进而顺利、短期将产品或服务理念推广到市场，实现低成本获利的目的

口碑营销的实施法则

法则	说明
征询意见	在打广告之前，在推出产品之前，先征求别人的意见
让人开心	开心的顾客是最好的广告员，借着制造真的很好的东西让人开心，推出能够发挥应有功能，而且用起来得心应手的产品，让顾客感到兴奋激动
赢得信任和尊敬	凡事讲求道德，善待顾客，与消费者沟通，满足他们的需求
要简单	要发挥口碑的作用，必须做两件事：找个超级简单的信息，并协助大家分享这个信息

解析品牌的三个“口”

品牌的“品”字由三个“口”组成，而这三个“口”恰恰隐藏着品牌背后的秘密：“口碑+口才+口号”。

1. 口碑

成功的品牌无一例外都很注重口碑营销，良好的质量和服务是关键，通过有效的口碑传播，最终达到提高品牌的认知度、知名度、美誉度和忠诚度的目的。

2. 口才

成功的品牌需要优秀的代言人，代言人口才一定要好，否则就会砸了企业的牌子。

3. 口号

成功的品牌需要脍炙人口的口号来帮产品加分添色，让人印象深刻的口号是传播品牌的关键。

｜营销VS职场｜

口碑好的人身价自然高

职场是上班族实现理想梦想的场所。品牌就是口碑，常言说“众口铄金，积毁销骨”，口碑是一个职场中人的生命。要建立职场口碑，首先要注重职场礼仪，既然口碑由人来传诵，就必须跟人打交道，恰到好处的展示自己的素养是非常重要的，教养体现于细节，细节展示你的素养。

日常生活中，教养、素养全部展现在你的言行举止。而这些细节决定自己的口碑。古人说：三年可以成就一个富翁，但三代才能造就一个贵族。可见习惯性的细节是成就一个人品牌的关键点。

与人打交道，是塑造品牌的开始，我们要学会换位思考，在否定和对抗别人意见或建议或行为时，首先学会站在对方的角度，来思考对方的言与行，也许会有更好的交流。常言说得好，善待别人就是善待自己；其次，要学会接受别人、欣赏别人、赞美别人，形成有效的沟通之后，将使你的个人形象与地位被大家所接受，更有助于你在职场中树立良好的个人口碑。

课后重点整理

｜口碑要建立在质量和服务之上｜

那些要进行口碑营销的广告主，首先要做的功课就是为消费者提供非常好的产品与服务。

切记！产品、服务的任何一点瑕疵都可能在市场上引起一场口碑风暴，好的用户体验才会激发用户评论，这是口碑营销的基石。

经研究表明，如果消费者对产品、服务不满，只有4%的人会向厂商抱怨，而高达80%的人则选择向亲戚朋友倾诉。产品、服务的任何一点瑕疵都可能在市场上引起一场口碑风暴。

在提供好的产品与服务之外，营销人员还可以帮助消费者方便快捷地获取商品，发布评论，传播观点，放大良好口碑的影响力，尽可能地让口碑为刺激购买服务。

备忘录
Memo

26 LESSON 包山包海行不通：分众营销时代的来临

营销，非常关键的一点是如何把握好趋势。就顾客需求而言，随着物质生活水平日益提高，总有一群人对目前的产品和服务不满意，提出更高或更个性化的要求。正因为顾客需求有了分散化和个性化的趋势，营销也随之发生变化，从原来的大众化营销逐步向个性化营销发展。因此，分众市场的出现和细分化营销是大势所趋。

课堂学习重点

1. 为什么强调分众营销而不是大众营销？
2. 分众营销的内涵是什么？
3. 分众营销中，该怎样细分消费者的类别？
4. 该怎样为不同的客人量身定做产品？又该如何定价？
5. 该如何启发分众营销？找到分众市场？

一个人不可能吃下全部的市场，也没有必要吃掉全部的市场，大众营销时代即将过去，分众营销必然会成为主要的做法。

以是否戴眼镜来区别的话，那么世界上只有两种人，一种人戴眼镜，第二种人不戴眼镜。做眼镜生意需不需要兼顾每一个人呢？

眼镜有很多种：近视镜、老花镜、太阳镜、隐形眼镜等等，太阳镜还分类：时尚类的太阳镜、有度数的太阳镜、运动专用的太阳镜。在运动类太阳镜分类：赛车专用、滑雪专用、有度数和没有度数之分。

由此可见，我们根本不需要每种眼镜生意都做，小需求同样可以创造

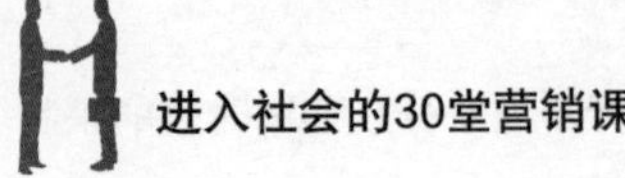

大市场。进行市场细分，分割出来的就是分众市场，这个分众市场和其他的分众市场连接在一起，就形成了大众市场。

原来这就是分众营销！

那么什么是分众营销呢?

简单地说，分众营销就是将目标消费群体进行细分，锁定特定的目标消费群，然后推出这一特定群体最需要的产品，以适应这特定群体的特定价格，通过特定的渠道和传播、促销方式，进行产品营销的精确营销手段。

传统大众化营销模式针对的是广泛消费者，不但不能有效区分真正的目标消费者，而且更不能区分细分后的目标消费者。

因此，撒网式的传统大众化营销模式，往往会导致广告成本的上升，出现广告资源的严重浪费，并且，随着消费者可接触媒体的增加，以及大众媒体竞争的加剧，这种浪费会越来越严重。

如此一来，这种浪费便直接导致了企业营销成本的飙升、行业竞争门坎的水涨船高，企业的市场风险也由此增加。

而分众营销则不同，它的优势在于它强调的是“分”，强调将广义的目标消费群体进行细分，找到真正属于自己的目标消费者。由于针对性较强，这样一来产品的营销向心力更集中、作用更猛烈。从理论上来讲，分众营销的精髓就是“精确”、“细分”、“实效”。

分众营销所能做的就是：在最恰当的地点，用最精确、最经济的方式把产品卖给最需要的目标消费者，最大限度降低成本和杜绝费用的浪费，将营销的效力发挥到极致。

不要幻想把产品卖给所有人

分众营销就要发现最有价值的顾客，不仅要发掘客户的单次价值，更要发掘客户的终身价值。所谓客户终身价值，是指某客户一生能带来的价值。

分众营销的5个“不试图”

1．不试图占领所有的目标消费群体。
2．不试图生产目标消费者需要的所有产品。
3．不试图进入所有广义的产品渠道。
4．不试图制订细分目标消费者所不能承受的价格。
5．不试图进行广种薄收式的传播、促销方式。

对传统营销人来说，往往针对单次的客户购买行为来判断这个客户的价值，客户买得多，价值就高，买得少就没价值，但是分众营销则不这么短视。

分众营销把握的是同一个客户在有生之年所提供的总体贡献，也许他这次只买了3000元，但是每年会有4次交易，一共与我们往来了10年，他的终身价值便是3000×4×10＝120000（元）。因此想要做好分众营销，必须依照下面四个步骤。

分众营销步骤一：从细分消费者类型开始

进行分众营销，第一步就是将大类的、广义的目标消费群体根据年龄、性别、收入、职业等类别进行细分，然后将细分后的消费群体类别与市场上最吻合的品牌对号入座。

通过调研和分析，找到一个其他品牌相对较弱的目标消费群体类别，把自己的品牌锁定在这一分众目标消费群体。

然后进一步具体了解分众目标消费群体的消费习惯、消费行为、消费心理，他们（她们）的喜好是什么，他们最常出现在什么公共场所、哪里可以更集中地接触到他们等等，为下一步分众营销的正式执行做好充分准备。

分众营销步骤二：准备开始制造分众化产品

进行分众营销，第二步就必须针对分众目标消费群体，生产真正受这部分群体欢迎的分众化的产品。

一个好的分众化产品，不但要在功能、功效等能说明产品质量、起决定作用的内在因素上表现出色，迎合分众目标消费群体的消费需求。而且更要在外形、颜色、大小等外在因素上，最大限度迎合分众目标消费群体的喜好、达到他们内心的期望。这些信息可以藉由调研获得，但切忌模仿其他品牌和凭空想象。

分众营销步骤三：制订分众化的价格

在分众化的产品生产出来后，接下来的一步就是为这个分众化的产品制订价格了。

价格是决定一个消费群体购买力的一个重要指标。由于不同的消费群体，其购买力都会不同，因此，不同的消费群体对价格的敏感程度也不相同。

所以进行分众营销，第三步就必须针对分众目标消费群体的实际购买力制订分众化的价格，让每一个分众目标消费者都能买得起、用得起，决不能脱离实际，漫天喊价。

如果企业不能准确把握价格的范围，可以通过价格测试结合消费者座谈会、现场调查等手段来获得一些宝贵的意见和数据。

分众营销步骤四：进入分众化的终端

很多营销人都具有分众营销的概念，但是对于到底该怎样区分类别，却始终稿不太清楚，以下的若干建议，可以供营销人参考。

（1）隐性需求是分众市场的前身

说起分众市场，很多人往往陷入一种困境：顾客需求总是捉摸不透，且没完没了，不知何时能够全面满足。

为什么消费者需求让人感觉捉摸不透呢?

主要原因是：在产品管理中没有找到需求的规律性，没有能力把它进行分类，从中找出有价值的需求。所以，那些市场总是忽隐忽现。如果你能找到一定的规律性，就会发现需求的隐性及其价值。真正的差异化来自顾客相对隐性的需求。

比如，四个轮子、好的发动机、不错的外观和一定的安全性，这是对汽车显而易见的需求，对于汽车制造商来说这可能是最低的标准，但是就算满足了这些需求，销售也不一定好到哪儿去，因为最容易满足的需求也最容易招来对手。

而有些顾客的需求就比较隐性了，比如方向盘可自由调整、人性化电动座椅、自动排烟系统、倒车提示、后视镜不反光等等，这些需求有时不容易发现，但对你的产品却更有价值。因此，需求越隐性越有价值，顾客的隐性需求就是分众市场的前身。企业要发现分众市场，必须从顾客相对隐性的需求入手，开展深入细致的市场研究工作。

（2）“对号入座”和“愿者上钩”并驾齐驱

在分众市场的研究中，不要把分众市场看成对现有需求的划分。在实际操作中，“对号入座”和“愿者上钩”应该并驾齐驱。

“对号入座”就是把现有的需求进一步划分，更有针对性地满足目标顾客需求。

“愿者上钩”就不一样了，细分后的市场可能在实际上还不存在，也就是说顾客自己都不知道需要什么，这时就要引导他们的需求，让他们逐步上钩。

（3）精细地舍弃，谨慎地集中

分众市场细分到什么程度才是合适的？做过战略管理的人可能都有这种感觉：面对那些庞大的数据库往往一筹莫展，觉得无法驾驭，甚至最后觉得什么都是机会，什么都难以舍弃。其实，我们使用数据库的真正目的，就是精准地看到要放弃哪些市场。学会放弃才会更加精细地服务于你的目标市场，否则虽然有这个能力，但是资源分散、能力分散，造成运营成本上升，最后就是在目标市场上赚不到钱。

所以，要找到市场细分的合适境界，必须引进“边际效益最大化”的理念，详细算好一笔账：怎么做才能赢得合理而持续的利润。算清楚了，就要敢于对部分市场说“不”。

（4）细分市场要与资源匹配

在实际操作中，市场细分的变量和方向我们都可以灵活掌握，但细分出来的市场需求我们有没有能力满足，必须认真思考，这是界定分众市场的重要依据。

在分众市场和企业资源的匹配性方面，需要考虑的因素很多，诸如生产能力、技术水准、营销能力、人员资源、组织保障等等，但由于分众市场的不同特征，能力的权重是不同的，必须合理把握不同能力间的权重，重点突出核心能力。

如果核心能力不足，就不要硬着头皮去做，否则企业要么不赚钱，要么违规经营，长远来看，都是得不偿失。

| 营销VS职场 |

当个通才与专才兼具的杰出职场人

为什么营销会从大众营销走向分众营销呢？最主要是因为市场多元之后，为了挖掘更深层的需求，所以营销的手段与目标都要以分众为出发点，但这并不是说从此可以放弃大众市场，这两点其实可以相辅相成、并行不悖的。就像在职场上面，到底该当个通才还是专才呢？有人说，现在的社会正多元化发展，打工一族们应该争取成为一名“通才”，这样才能适应社会变化。也有人说，应该对自己专业领域的东西专精，成为行业的权威专家，这样你的位置才能无可替代。各有各的说法，我们到底应该怎么办呢？其实，两种言论都有错，只是，专才和通才并非相互冲突，两者一先一后地达到，便能令你在职涯上大展拳脚。

初入社会的前几年，切忌频繁转换行业和跳槽。你必须要让自己成为行业的专才，最好是专家，这样你便拥有了在行业里的地位和分量，职业升迁是理所当然的事情。但在成为专家后，别忘了为你下一次的提升做好能力要求的准备。

当你在某个领域获得不错成绩后，可能就要往更进一步的管理领域走去，这时候，你就需要具备广泛的通才，才能应付任务需求，主管、经理、总监、董事、老板等等都是管理职位，在这些岗位上，专业的要求被降低，取而代之的是统筹、计划、控制和领导的能力。当你具备了通才与专才之后，势必能助你攀登到事业的顶峰。

课后重点整理

| 通过分众营销让营销效益最大化 |

进行分众营销，最重要的是必须针对分众目标消费群体，进行分众化的广告和促销。通过针对性更强的传播方式和方法的运用，使广告和促销的效果最大化，最终实现投入与产出效益的最优化。

从国际营销发展的趋势来看，大众化的营销模式已经逐渐成为明日黄花，一些深度化营销模式正逐步崛起，成为营销领域的新秀！因此，作为深度化营销模式的其中一个手段，分众营销将在今后一段时间内逐渐成为市场营销领域的主流。

27 LESSON 建立无可取代的地位：浅谈利基营销

利基营销是个与大众营销相对的概念，在普通大众眼里，它多是名不见经传，默默无闻的，不像后者，由于有巨大需求的支撑，时常表现的轰轰烈烈，蔚为大观，但尽管表面上毫无英雄式的作风，利基营销却成为真正适宜于中小企业，特别是尚欠发达的中小企业的市场营销策略。

课堂学习重点

1. 什么是利基？它的意义何在？
2. 该怎样找寻利基市场？它有什么特色？
3. 为什么找到利基，对资源相对较少的中小企业特别重要？
4. 利基市场的种类有哪些？
5. 该如何拟定进攻利基市场的战略？

利基是英文名词“Niche”的音译，利基市场指市场中，通常为大企业忽略的某些细分市场。利基市场战略指企业通过专业化经营来占领这些市场，从而最大限度的获取收益所采取的策略。

营销大师科特勒在《营销管理》中给“利基”下的定义为：利基是更窄地确定某些群体，这是一个小市场并且它的需要没有被服务好，或者说有获取利益的基础。营销者通常确定利基市场的方法是把市场细分再细分，或确定一组有区别的、为特定的利益组合在一起的少数人。所以，利基市场营销又称“缝隙营销”或“补缺营销”，是指企业为避免在市场上与强大竞争对手发生正面冲突，而采取的一种利用营销者自身特有的条件，选择由于各种原因被强大企业忽视的小块市场作为其专门的服务对象，对该市场的各种实际需求全力予以满足，以达到牢固地占领该市场的营销策略。

发掘利基市场的重要特征

理想的利基市场大概具有以下六个特征。

特征一：狭小的产品市场，宽广的地域市场。

利基战略的起点是选好一个比较小的产品（或服务），这是利基战略的第一要素，集中全部资源攻击很小的一点，在局部形成必胜力量，这是利基战略的核心思想。同时，以一个较小的利基产品，占领宽广的地域市场，是利基战略的第二个要素，产品有非常大的市场容量，才能实现规模经济，经济全球化的市场环境正好为其提供了良好条件。

特征二：具有持续发展的潜力。

一是要保证企业进入市场以后，能够建立起强大的壁垒，使其他企业无法轻易模仿或替代，或是可以通过有针对性的技术研发和专利，引导目标顾客的需求方向，引领市场潮流，以延长企业在市场上的领导地位。

二是这个市场的目标顾客将有持续增多的趋势，利基市场可以进一步细分，企业便有可能在这个市场上持续发展。

特征三：市场过小、差异性较大，以至强大竞争者对该市场不屑一顾。

既然被其忽视，则一定是其弱点，反过来想，我们也可以在强大的竞争对手的弱点部位寻找可以发展的空间，所谓弱点，就是指竞争者在满足该领域消费者需求时，采取的手段和方法，与消费者最高满意度之间存在的差异，消费者的需求没有得到很好的满足，这正是足可取而代之的市场机会。

特征四：企业所具备的能力和资源，与对这个市场提供优质的产品或服务相称。

这就要求企业审时度势，不仅要随时测试市场，了解市场的需求，还要清楚自身的能力和资源状况，量力而行。

特征五：企业已在客户中建立了良好的品牌声誉，能够以此抵挡强大竞争者的入侵。

特征六：这个行业最好还没有统治者。

在市场中找到可发挥的立足点

实施利基战略的重要意义在于：进行市场利基的公司，事实上已经充分了解目标顾客群，因而能够比其他公司更好、更完善地满足消费者的需求，并且，市场利基者可以依据其所提供的附加价值收取更多的利润额。

企业与营销人员想应用利基，首先是战略观念的改变，首先需要寻找和确定某个产品或者行业，然后进行长久、专一、耐心的运作和经营。

利基营销盛行的客观原因是资源的稀缺性。营销人员与企业面对市场全球化时，人力、物力、财力、技术力、生产力、销售力、品牌力、管理力等营销资源与跨国企业相比都要稀缺的多。

因此，如何充分利用既有的资源，确定合理的资源组合，以达到资源增值的效果，便成为重大的营销战略问题。在强大竞争对手存在的前提下，我们在竞争对手忽视或不屑一顾，而消费者却没有被很好满足的狭窄市场上，集中配置资源，正是解决这战略问题所必须遵守的原则。

还有一个客观原因来自企业生存发展的空前压力。残酷的竞争环境，迫使企业为了生存而集中使用资源，因为只有在更加细分的利基市场集中资源，才能应对竞争对手的进攻，只有集中力量才能战胜竞争对手。

如果营销人员或企业有了所谓的战略，但不能体现集中使用有限资源的作战原则，而是分散配置企业的资源，那么，营销人员或企业就难以在决定性方向、关键性领域里，造成比竞争对手更为强大的优势，就会丧失目标市场，动摇甚至瓦解企业生存的根基。

利基市场的标准条件

1．**足够大**：该市场要大到能够满足一个中小企业生存所需的规模和购买力。
2．**足够小**：该市场要小到足以令强大的竞争者对之视而不见，不屑一顾。
3．**足够深**：该市场要深到足以使得企业在较长时期内的发展无空间之忧。
4．**足够相称**：企业的能力和资源与为该市场提供优质服务所需之条件相称。
5．**足够信誉**：在该利基市场上，企业的既有信誉要足以对抗竞争者。

利基市场的种类

市场	说明
自然利基市场	为了追求规模经济效应，很多大企业一般采用少品种、大批量的生产方式，这就自然为中小企业留下很多大企业难以涉及的狭缝地带，这些狭缝地带即为自然利基市场
协作利基市场	对于生产复杂产品的大企业来说，不可能使每一道工序都达到规模经济性的要求。大企业为了谋求利润最大化或节省成本，避免生产体制的弊端，而去与外部企业进行协作，这种协作关系为中小企业提供了生存空间
专利利基市场	拥有专利发明的中小企业，可以运用知识产权来防止大企业染指自己的专利技术向自己的产品市场渗透，从而在法律制度的保护下形成有利于中小企业成长的专利利基市场
潜在利基市场	现实中，常有一些只得到局部满足或根本未得到充分满足或正在孕育即将形成的社会需求，这就构成潜在的市场需求空间
替代利基市场	最好的战场是那些竞争对手尚未准备充分、尚未适应、竞争力较弱的细分市场

开拓利基市场的战略

如何开拓利基市场，并在利基市场中增加销售量？以下是几点建议：

(1) 进一步细分渠道，利用某一渠道取得突破的优势和影响力，进入相关的渠道进行分销，如在许多酒类和功能饮料产品在餐饮渠道取得有效突破后，相继进入超商和传统分销渠道，有的进入

KTV、PUB等夜店，以方便老顾客的重复购买、吸引新消费者尝试购买，达到提升销量的目的。

（2）进一步提高终端覆盖密度，并强化终端运作，在陈列、展示和促销等方面加大力度，往往会增产更多!

（3）加强消费者的深入沟通与服务，提升品牌忠诚度和美誉度，表面上此策略不能很快地带来增量，但却是长期持续增量的保证，而且是回报最大的一种投入，并为其他新产品的导入铺平道路。

（4）配合新渠道的进入和终端的密集化，产品要进行有机组合，一是向上下延伸，扩大目标消费人群的覆盖；二是围绕主力产品，进行横向的多元化，充分利用坚实的消费者基础和品牌号召力，引导相关购买，达到增量的目的。

（5）利基市场增量的另一个来源就是抢夺竞争对手的占有率，但值得注意的是，不是不惜成本地消灭主要对手，只要保持相对的优势即可，并且进一步挤压中小竞争对手的空间，清理和规范市场，确保可持续发展和合理利润回报。

| 营销VS职场 |

拥有竞争优势打造无可取代的职场地位

职场环境千变万化，但是我们拥有核心竞争力的优势就能掌握职场主动权。

所谓“核心竞争力”是在某一组织内部经过整合的知识和技能，是企业在经营过程中形成，不易被竞争对手效仿的、能带来超额利润的、独特的能力。

在国际经济竞争的舞台上，企业要想获得生存空间必须享有自己的核心技术，做到“人无我有，人有我特”的竞争优势。

人生职场的竞争又何尝不是呢？不论你从事哪个行业，什么职业，你都必须具有别人无法取代的优势，这样才会获得良好的职场发展。

选择职业方向，规划人生就是要在最有可能的事情上勇往直前，形成自己的核心职场竞争优势，成为企业需要的人力稀缺资源，那么你的价值就能充分展现出来。随波逐流，人云亦云，不清楚自己的优势，盲目学习，缺乏个性在人才市场上是没有竞争力的。

课后重点整理

|战战兢兢经营利基市场|

企业，特别是中小企业经营思想的转变，是利基营销盛行的原因。

企业在冷峻现实下变得理智实际起来，它们不再对小产品、小市场不屑一顾，相反，只要与自身能力相称，它们就愿意兢兢业业，全力以赴。

依靠利基市场给中小企业带来高速成长的现象，市场利基者利润高、增长快、核心竞争力强的特点，都早已引起许多原先对利基市场轻视的大公司注意。越来越多的大公司在竞相划小业务经营单位去服务于各类利基市场，乃当今市场一景。

因此，中小企业在享受利基市场带来的好处时，还要时刻准备如何保护自己开发出来的利基市场。任意轻忽的话，随时都会遭致灭亡的危机。

28 LESSON 一个好故事让商品充满生命力

我们处在一个市场供过于求、促销信息太多的年代，顾客要的不只是商品，更期待在消费中自我实现。为产品找故事、建立情境，比减价促销更为有效，故事本身就是娱乐、引导、告知和说服的最佳工具。

课堂学习重点

1. 故事营销的功用及目的为何？
2. 该怎样设计一个有效的营销故事？
3. 好的营销故事应该包含哪些元素？
4. 故事要怎样说，才能打动人心？
5. 设计故事时，要考虑哪些问题？

现代的营销就是说营销人的故事，产品服务的背后，要用故事烘托，让情节带动，或搭上重大事件的顺风车。

所谓的营销故事，是指为了更好促成销售，销售人员或组织以语言、影音等故事手段，达成交易的感性销售工具之一。

销售故事包括：真实的成功客户个案，客户购买后的愿景，销售人员根据商品独特卖点所设计的小故事，销售人员为引起客户注意或化解客户异议而设计的故事，关于企业愿景，历史的故事，关于商品文化背景的故事。

任何的销售故事都与其背后的宏观经济环境：包括文化背景、社会、地域、历史背景、商品所在的行业、锁定的目标客户群，以及商品的微观环境：商品独特卖点包装、销售人员与客户关系的建立、销售情境等等所结合，发挥着综合的作用。

设计故事从分析客户购买心理开始

在引导客户做出购买决策的过程中，销售人员必须先对客户做出判断：他的购买动机是什么？迫切程度如何？换言之，什么样的情绪、心理需求在驱动客户做出购买行为？

对客户心理需求流程的分析，将是销售人员采取销售策略的根本依据，或者我们也可以将它称为故事的基本假设。

它是销售人员形成故事的大前提，唯有快速、准确地捕捉客户的心理需求，用故事对商品的独特销售主张进行包装，进行感性述求，才能找到最省力而高效的故事切入点。

当大前提形成后，销售人员立即进入下一轮思考重点：我要通过什么方式将我所销售的商品特质包装成客户所想要的利益？

销售人员能向客户提供的不外乎三种类型的理由．以理服人、以利诱人或以情动人。三者并无高下优劣之分。

只是在以理服人（例如产品性能卓越、功能独特等）方面，以利诱人（例如产品价格吸引、促销吸引等）方面，销售人员受制于企业、市场等外在环境因素的制约较大。

销售人员以情动人，把握客户情绪的量和度，根据客户购买心理分析设计故事，将让销售取得事半功倍的成果。

现在消费已经完全进入了心理学的领域，而不是经济学。所以，故事和客户的购买心理，有着紧密而不可分割的关联。销售人员对商品、市场、目标客户越熟悉，他愈有可能创造出有利于销售的故事。

一个巧妙的好故事，它让客户购买得益不止于物质层面，它也不仅仅能推动销售，成为销售中的附加值部分。而且实践证明，根据客户的购买心理所量身订做的故事，极大地加深了销售人员与客户之间的良性情绪互动。

藉由故事提升客户的情绪参予度，从而提升了客户满意度，让客户的忠诚行为成为可能性。而品牌的忠诚，正是提高品牌含金量的秘诀所在。

明确故事的目的才能促进营销

尽管讲故事、做销售对最终促成交易有某程度的好处，但它毕竟只是众多销售手法中的一种，讲故事不是包治百病、万能的灵丹妙药。

故事在销售中更多的是起到画龙点睛的作用，其目的是将客户最后的购买热情调动起来。讲故事并不意味着销售人员在客户对品牌完全没有认知的情况下，仅靠个人的三寸不烂之舌对客户进行说服。

编辑故事的重要元素

当知道故事的作用后，那么，我们该如何巧妙地来组成故事呢？讲故事就像炒菜一样，原材料的好坏将对最后的结果起着至关重要的影响作用。

在讲故事前，我们要找到构成故事最好的基本元素，而故事一旦形成，就像作者写一篇文章一样，它最终将受到市场的检验，客户将用他们的购买行为来直接而清晰地告诉你：他们是否喜欢、接受你的故事。

当你开始留心如何通过“讲故事”来进行销售时，你会发现其实种种工具早已经被广泛应用在企业广告、公关中。例如在电视、报纸、杂志、企业内部刊物、网络等地方，用代言人讲、用真实发生在企业中的故事讲，用各式各样的形式与渠道，铺天盖地，无所不用其极。

为什么好故事会被一代代传承下来？好故事真正感人的地方在哪里？

其实故事真正感人的关键，往往在于其中的情感因素，故事很少以理服人，更遑论以利诱人。

故事往往通过一些起伏的事件，带动人们的情感起伏，最后让人们接受它所弘扬的道理。所以，故事的关键在于：锁定、创造、满足客户的情感需求。通过故事让客户进入到有利于销售成功的情境中。

同时，去掉故事与销售成功关系不大的繁琐细节。抓住最有利于销售、对客户的购买决策最有冲击力的细节来编辑你的故事。所以，不需要完整地讲述你的故事。

营销的四个关键点

成功的故事营销有4个关键。

第一，要先告诉消费者“你是谁”。

把文化、心理，甚至是神话中常出现的角色，和品牌连接在一块。比方说，NIKE诉求的就是“英雄”：从最早到的飞人乔丹、到老虎伍兹，甚至是以残障运动人士为脚本的广告，NIKE要传达的是：努力，就是英雄。

第二，要帮消费者找出“他们”是谁?

呼唤埋藏在消费者心中的记忆，看看7-11是如何卖便当的？舍弃传统营销以口味为诉求，改以台湾人和便当的关联记忆——“火车上的铁路便当”为主轴，找出创始人的故事和怀旧照片，于是有了热卖的“奋起湖便当”。

第三，说故事别忘了让场景更具“真实感”。

消费者缺乏时间、注意力和信任，他们要的是深刻的“真实感”。

第四，让消费者参与故事发展。

比方说，北京百年烤鸭老店“全聚德”，在客人用餐结束时，会送上一个内有一串数字的信封，步出餐厅时，门口的电子广告牌，就显示那串数字，告诉你所吃的是全聚德开张以来的第几只烤鸭。于是乎，你不再只是个过客，更是百年历史的一部份。

故事要这样说才精彩

实施故事营销的关键在于脍炙人口的传奇故事来源与创意，按照故事的素材来源以及传播重点不同，可以分成四类途径：

第一类，根据企业创始人传奇经历改编的小故事。

这类故事容易为一些有志者所仰慕，甚至向别人广为传诵。如肯德基创始人桑德斯上校65岁退休后开始推销自己的炸鸡秘方，两年的时间内被拒绝1009次，但是他始终毫不气馁，终于在第1010次有家餐厅同意采用他的炸鸡秘方，并且一炮打响，迅速成为快餐界的巨头之一。

第二类，围绕消费者在使用产品过程中，发生的传奇经历等相关事件改编而来的小故事。

这类故事的依据性较强，可信度较高，例如ZIPPO是世界排名第一的打火机制造商，至今没有任何打火机生产厂商能够撼动其霸主地位，这除了归功于其优异的质量和出色的防伪设计以外，一个个扣人心弦的小故事也为其夯实基础。

例如：被鱼吞入肚中的打火机完好无损、越南战场上为士兵挡住子弹救其性命、靠ZIPPO的火焰发出求救信号、甚至用打火机可以煮熟一锅粥等小故事，让受众大为折服。

虽然ZIPPO打火机价格不菲，但因为其传奇故事中反映的良好质量和丰富情感，使其成为馈赠佳品，甚至成了一种身份的象征。

第三类，根据历史文化、名人与品牌相结合形成的品牌传说。

这类故事文化底蕴浓厚，适合于具有文化特色的产品，如陕西名酒“太白一壶藏”这品牌的打造就充分表现了这一点。据当地传说，达摩祖师在太白山修炼时，每天饮太白酒并创立醉拳，其中一个小徒弟抵不住酒香诱惑，偷偷将师傅的酒藏入一个小壶中，到后山饮用。

结果酒水不小心洒到泉水中，泉水立刻香气四溢，下游路人争相饮用。这个小故事就变成了“太白一壶藏”的品牌故事，并在当地广为流传。

设计故事时要考虑的问题

1. 故事讲给谁听?

沟通的成效以沟通中对方收到的信息为准。所以，在设计故事前，销售人员必须分析：我所面对的客户群具有什么样的特征？他们希望、喜欢听到什么样的故事？这些故事的情感元素是什么？我用哪种语言来讲更容易被他们所接受？

2. 怎样才能讲好故事?

好的故事必须与你面前所站着的这个活生生的、呼吸着的客户息息相关。对于他而言，真正的好故事是可以立刻让他产生了一种关联感：在客户头脑想像中，他似乎看得到、听得到、闻得到、尝得到甚至可以摸得到他拥有或使用商品后的一切，而且这个图像较之于他的现实生活更美好、更具有诱惑力。

| 营销VS职场 |

沟通，是不可或缺的能力

在职场中想营销自己，就需要具备说得一口好故事的口才与沟通能力，GE公司前总裁威尔逊说：沟通无边界。在工作中，你需要与你的上级、部属、相关部门、外界机构进行各种不同层次的沟通；在学习中，你需要与你的同学、老师进行学业知识方面的沟通；在家庭中，你需要与你的父母、妻子、小孩进行情感方面的沟通……

沟通无处不在！沟通，是人们不可或缺的一项能力！

不同的沟通方式，产生不同的效果！那种不分沟通对象，泛泛而谈，对牛弹琴，无的放矢，机械呆板的沟通方式是不行，是不可取的。

课后重点整理

| 故事营销要与产品定位紧密结合 |

企业的营销诉求有很多种，像品牌诉求、企业诉求、产品（功能性、时尚性等）诉求等。在构建自己的营销故事时，企业一定要搞明白自己要传播的诉求是什么？即你的故事必须传承你的营销诉求！

而利用“故事营销”不失为达到营销诉求的好方法，所谓的“故事营销”就是利用企业相关事件、人物传奇经历、历史文化故事，激起消费者的兴趣与共鸣，并提高消费者对品牌关键属性的认可度的一种营销方式。

故事营销的妙处在于故事本身所具有的自我传播效应，是最有效的深度传播形式之一。

故事营销不能脱离企业发展战略、企业文化而随意传播，而故事营销中最核心的部分，生动趣味的小故事，则要紧密结合产品的属性，并符合产品的定位。

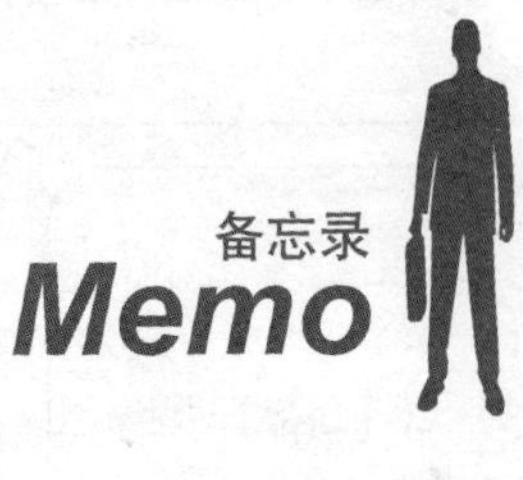
备忘录
Memo

29 LESSON 体验 身临其境的快感

体验营销是通过“看”、“听”、“用”、“参与”的手段，充分刺激和调动消费者的“感官”、“情感”、“思考”、“行动”、“关联”等感性因素和理性因素，重新定义、设计的一种思考方式的营销方法。

课堂学习重点

1．什么是体验营销？
2．达到体验营销最重要的工作是什么？
3．体验营销的类型有哪几种？
4．在感官、情绪、思考、互动等方面，如何发挥体验营销？
5．如何把体验营销与消费者的经验与习惯结合在一起？

体验营销的兴起是由于企业对产品及服务在质量、功能上已作得相当出色，以至于顾客对特色和利益已经淡化，而追求更高层次的“特色和利益”，即“体验”。

体验营销是要站在消费者的感官、情感、思考、行动、关联等五个方面，重新定义、设计营销的思考方式。此种思考方式突破传统上“理性消费者”的假设，认为消费者消费时是理性与感性兼具的，消费者在整个消费过程中的体验，才是研究消费者行为与企业品牌经营的关键。

体验营销以关注顾客的体验为首要

增加产品的“体验”含量，能为企业带来可观的经济效益，那么，体验营销有哪些特点呢？分述如下：

1．关注顾客的体验

体验的产生是一个人在遭遇、经历、或是生活过一些处境的结果，营销人员应注重与顾客之间的沟通，发掘他们内心的渴望，站在顾客体验的角度，去审视自己的产品和服务。

2．以体验为导向设计、制作和销售你的产品

当咖啡被当成“货物”贩卖时，一磅可卖1200元；当咖啡被包装为“商品”时，一杯就可以卖35元到65元；当其加入了“服务”，在咖啡店中出售，一杯要几百元。也就是说，如能让咖啡成为一种香醇与美好的“体验”，一杯就算卖到上千元也不嫌贵。

3．检验消费情景

营销人员不再孤立的去思考一个产品的质量、包装、功能等等，而是要通过各种手段和途径，例如娱乐、店面、人员等，来创造一种综合的效应，以增加消费体验。不仅如此，而且还要跟随社会文化消费同步，思考消费所表达的内在的价值观念、消费文化和生活的意义。

4．顾客既是理性的又是情感的

一般说来，顾客在消费时经常会进行理性的选择，但也会有对狂想、感情、欢乐的追求。营销人员不仅要从顾客理性的角度去开展营销活动，也要考虑消费者情感的需要。

5．体验要有主题

体验要先设定“主题”，也可以说，体验式营销乃从一个“主题”出发并且所有服务都围绕这主题，或者其至少应设有“主题道具”，例如主题博物馆、主题公园、游乐区、或以主题为设计导向的活动等。

这些“体验”和“主题”并非随意出现，而是体验式营销人员所精心设计出来的。

6．方法和工具有多种来源

体验是五花八门的，体验式营销的方法和工具也是种类繁多，并且这些和传统的营销又有很大的差异，营销人员要善于寻找和开发适合自己的营销方法和工具，并且不断地推陈出新。

体验的类型

类型	说明	举例
个人体验	消费者在其心理和生理上的独自体验	感官、情感、思考
共享体验	有相关群体的互动才会产生的体验	行动、关联

营销理念的过去、现在与未来

时态	强调主轴	说明
过去	产品	合乎质量要求的产品，消费者不一定满意，所以需要靠“服务”补强
现在	服务	即使有了满意的服务，顾客也不一定忠诚，所以需要靠“体验”补强
未来	体验	企业只有为客户造就难忘的体验，才会赢得用户的忠诚，维持企业长远发展

创造知觉体验的感官营销

感官营销的诉求目标是创造知觉体验的感觉，它经由视觉、听觉、触觉、味觉与嗅觉。

知名连锁饭店希尔顿曾经在浴室内放置一只造型极可爱的小鸭子，客人大多爱不释手，并带回家给家人作纪念，于是这个不在市面销售的赠品便成了顾客特别喜爱希尔顿饭店的动力，这样便造成了很好的口碑，这就是“体验式营销”在视觉和触觉上的应用。另外，在超级市场中，经常会闻到刚出炉的烘焙面包香味，这也是一种嗅觉方面的感官营销。

诉求感情与情绪的情感营销

情感营销诉求顾客内在的感情与情绪，目标是创造情感体验，其范围可以是一个温和、柔情的正面心情，也可以是欢乐、自豪甚至是激情的强烈的激动情绪。

情感营销的运作需要真正了解什么刺激可以引起某种情绪，以及能使消费者自然地受到感染，并融入这种情景中来。

比方说，新加坡航空以带给乘客快乐为主题，营造一个全新的起飞体验，该公司制订严格的标准，要求空姐如何微笑，并制作快乐手册，要求以什么样的音乐、什么样的情境来“创造”快乐。

通过提供出色的顾客服务，使得新加坡航空公司成为世界上前十大航空公司，和获利最多的航空公司之一。

创造认知和解决问题的思考营销

思考营销诉求的是智力，以创意的方式引起顾客的惊奇、兴趣、对问题集中或分散的思考，为顾客创造认知和解决问题的体验。

对于高科技产品而言，思考活动的方案是被普遍使用的。在许多其他产业中，思考营销也已经使用于产品的设计、促销与顾客的沟通。

1998年苹果计算机公司的iMac计算机上市仅六个星期，就销售了27.8万台，以至《商业周刊》把iMac评为为1998年的最佳产品。该公司的执行长乔布斯表示：“苹果已回到它的根源，并再度开始创新”。iMac的设计师伊维也指出：“与众不同是这个公司的基因”。

乔布斯说：“与众不同的思考代表着苹果品牌的精神，因为充满热情创意的人们可以让这个世界变得更美好。苹果决定为处处可见的创意人制造世界上最好的工具”。

影响体验与生活互动的行动营销

行动营销的目标是影响身体的有形体验、生活型态与互动。行动营销藉由增加他们的身体体验，指出做事的替代方法、替代的生活型态、与互动，丰富顾客的生活，而顾客生活型态的改变是激发或自发的，且也有可能是由偶像角色引起的。NIKE每年销售逾1.6亿双鞋，在美国，几乎每销售两双鞋中就有一双是NIKE。该公司成功的主要原因之一，是有出色的“Just Do It”广告，NIKE经常地描述运动中的著名篮球运动员迈克尔·乔丹，升华身体运动的体验，更是行动营销的经典。

超越私人感情与追情理想的关联营销

关联营销包含感官、情感、思考、与行动营销等层面。关联营销超越私人感情、人格、个性，加上个人体验，而且与个人对理想自我、他人、或是文化产生关连。关联活动案的诉求是为自我改进，例如，想要与未来的“理想自己”有关连的个人渴望，要别人对自己产生好感。

让人和一个较广泛的社会系统产生关联，从而建立个人对某种品牌的偏好，同时让使用该品牌的人们进而形成一个群体。关联营销已经在许多不同的产业中使用，范围从化妆品、日用品、私人交通工具等等。

比方说，美国哈雷机车，是个杰出的关联品牌。哈雷就是一种生活型态，从机车本身、与哈雷有关的商品、到狂热者身体上的哈雷纹身，消费者视哈雷为他们自身识别的一部分。

|营销VS职场|

在工作舞台尽情表演，让别人体验你的表现吧

卓越的表演能够体现出一种专注和投入的精神。在职场上，每个人时刻都是置身舞台的演员，所以投入是必须的。平庸之辈仅仅是完成了工作，而出类拔萃者则不仅完成工作，还会让人觉得他们尚能完成更多的工作。有些人可以在任何时间，都始终如一地展示自己卓越的表演能力，这里也是指杰出的工作能力。拥有表演力的员工就会知道，在工作的舞台上，分分秒秒都是展现自我、闪耀光芒的时候。

课后重点整理

|吸引顾客参与品牌互动|

体验营销的核心是吸引消费者的参与，并藉此参与产生互动，让消费者真正成为品牌的主人，从而促使消费者接受品牌所传递的信息，并产生消费的引力，塑造品牌形象，建立品牌忠诚。

体验营销已成为愈来愈多的营销人员与公司进行品牌塑造、品牌管理和消费者互动的重要战略方法。

比方说，风行不衰的芭比娃娃，建立了从出生日期、出生医院、姓名、父母情况等一整套个人档案，购买芭比娃娃就像是领养一个婴儿，模拟出真实的人间亲情，满足了人们母性的体验，深受人们喜爱。

促使消费者积极参与、体验品牌活动，就会对市场形成强大的穿透力。在这种消费者与品牌之间的互动中，不仅满足了消费者体验的心理需求，也使消费者了解、感受和认同了品牌。

30 LESSON 在潜移默化中达成营销目的

置入性营销，是指在一部影视作品，例如电视、电影、广播或其他影片里面，相关人物角色使用现实生活中某品牌的商品，从而达到营销传播的目的。它就像个幽灵，你可以不喜欢它，却无法阻止它悄悄的飞进你的心，悄悄地发挥影响力。

课堂学习重点

1. 什么是置入性营销？特色为何？
2. 为什么有“广告”之后，还要“置入性营销”？
3. 在国外，置入性营销到底有多热门？
4. 该如何进行置入性营销？
5. 置入性营销给品牌、商品只会带来好处吗？有哪些地雷不能踩？

置入性营销典型的表现形式是该产品及其标识在作品中出现，或者有利于该产品的特点、特性在作品中被提及，这种做法通常将产品置于具有较高曝光度的形式中。电影或电视节目画面出现的静态摆设道具，或是演员所使用的商品，都有可能是刻意置入的，而要置入的商品必须付费给电影或电视节目制作单位。例如《007》系列电影中，男主角的手表、汽车。置入性营销试图在观众不经意、低涉入的情况下，减低观众对广告的抗拒心理。

置入性广告的条件

1. 付费购买媒体版面或时间。
2. 信息必须通过媒体扩散来展示与推销。
3. 推销标的物可为具体商品、服务或抽象的概念。
4. 明示广告主。

用置入性营销唤醒注意力

随着社会经济的发展，时间、注意力和信任度已成为消费者的稀有资源。

时间的缺乏是由于在可支配的时间里，人们需要应付的事情太多，在未来几年中，这些工作和生活方面的压力会只增不减，使得时间对于我们只会更加稀缺，因此，时间将会更具有商业价值。

消费者时间的缺乏常常意味着注意力的缺乏，在一个商家和企业极力想引起消费者注意的经济社会里，“注意力”、“眼球”便成了消费者手中的财富。

消费者的注意力成为商家争夺的最为宝贵消费者资源之一，注意力经济也顺势成为新经济时代一个重要的市场机会。

消费者每天都置身于各种令人眼花缭乱的广告信息中，要面对成千上万的诱惑。正如诺贝尔经济学奖得主赫伯特西蒙所说：“信息非常明显要消耗的是信息接受者的注意力，因此过量的信息会导致消费者注意力的贫乏”。

在现实生活中，一方面企业的广告费有一半被浪费了，但不知道哪一半被浪费了；另一方面是消费者随着生活水平的提高，追求更高的如娱乐、精神等方面的消费。在这种广告信息铺天盖地的时代，只有把广告做得不像广告，让受众在没有任何戒备心理的情况下悄然接受，才能取得最好的效果。

隐性广告如果能与植入的本身（比方说是剧情）结合的自然融洽，能起到比传统广告更好的效果，置入性营销为企业提供了有效的营销传播方式，吸引消费者的注意力。

不着痕迹做广告在国外蔚为风潮

在国外，一些大型的跨国公司比如BMW、NOKIA、CANON等等，拥有许多成功运用置入的成熟经验，例如为了配合电影、电视的置入性广告，而专门制造某种产品的例子。

置入性营销搭上影视作品的案例很多，例如NOKIA在《法国间谍》中熟悉的手机铃声；《偷天换日》（The Italian Job）中，三辆经改装的MINI Cooper盖过了帅哥、美女和精彩表现，似乎才是电影的真正主角，许多人看了电影之后都想拥有一辆MINI。

在美国，设计置入性营销的隐性广告已经成为一个不小的行业，甚至有专业的营销公司专门为客户度身定做各种隐性营销方式。

置入式营销的运作与效果

由于能让受众在没有任何戒备心理的情况下悄然接受，置入性营销已经成为一种最时髦的品牌推广方式。

置入性营销需要电视、电影制作方、广告客户、广告公司营销人员三者之间的有效配合，并根据剧本整理出广告与电影可能巧妙结合的地方，将广告像有生命的东西一样完全融入到电影中，而不是突兀地强加进去。

置入性营销的投入产出，比一般的广告投入产出高，这种潜移默化的效果比直白的效果更能够达到营销人员想要的传播目的。

当然，在电影和电视节目中让产品出现一下，并不能完全发挥置入性营销的效果，还需要做更多的连续性和后续传播，进行整合营销传播。不仅是产品广告，还可以是企业文化；其广告不仅要在电影或电视剧中看到，还需要在路牌上、发行广告上、公关活动中以及电影或电视剧附加产品上都能够看到，完全把它当成一条商务链条来做。

品牌是靠不断的传播形成效果，没有连续性的传播，就不会有品牌，置入性广告只是一种辅助的广告形式，成功的品牌塑造需要整合营销传播。作为营销人员而言，如何和影视制片人展开合作，进行完美的隐性营销，需要在以下几个方面注意：

一是具有实体的产品与影视作品的融合更为容易，也更容易被消费者接受，尤其是将该产品作为主要道具使用时，更具有营销力量。如BMW与007系列电影的合作就是经典之作。

二是影视作品中的隐性营销如果配合显性营销进行互动，可以促进营销效果最大化。

三是如果有可能，企业尽可能让影视作品与更少的品牌合作，以免过多的隐性营销削弱营销效果。

四是要选择合适的影视制片人合作，或者选择合适的影视剧进行赞助，这需要企业在进行隐性营销之前有充分的前景预测能力，因为一部影响力弱的影视不但不能提升品牌，甚至损害品牌。

五是作为赞助者的企业就不能过分追求广告效果，而应该追求如何更巧妙地融合，更适合影视剧情，以免引起受众的抵触心理。

置入性营销不能损害产品形象

置入产品的重要前提是千万不能让观众反感，而且在该置入的地方才置入，企业也不要一味要求出现的次数，不能为了置入而置入，出现得多不如出现得巧!

有的时候，一个让人生厌的置入式广告虽然被观众记住了，但实际效果适得其反，本是希望达到让观众“记忆、感兴趣、乐于购买”的目的，却不幸让他们对品牌形成负面印象。在《天下无贼》中，BMW的车主是一个好色又愚笨的商人，因此被刘德华和刘若英扮演的贼公贼婆轻易地将车子骗走，而骗到BMW的刘德华又开着BMW教训小区的保安“不要以为开好车的就一定是好人”，这就有损BMW汽车的形象。

由此可见，企业虽然选择了一部值得参与和投资的影片，但是如果没有仔细分析电影的剧本和情节，就会一不小心在影片中成为一个负面角色，那么即使影片可以很成功，也不能带来产品或品牌的正向传播，反而会因为影片带来的巨大影响力，使品牌的负面影响被无限扩大。

这也正是置入式营销所隐藏的风险，所以企业在选择载体时一定要进行仔细分析和研究，不能只看影片或电视剧本身的价值，还应该仔细分析其中的情节。

| 营销VS职场 |

把握任何能够营销自己、表现自己的机会

什么是置入性营销？简单地说，就是把握任何能够营销、曝光的机会与渠道，目地就是要把商品营销出去！

其实在职场上，如果想有所表现，但又不要那么刻意的话，确实必须掌握住每一个出现的机会，绝不让一个机会从身边溜走。

首先，你要充分展现自己的潜能，永远使你的工作业绩保持一流水平，在关键时刻替公司两肋插刀，让周围的人和上司认识你的潜能，而且确认你在某些方面是无可替代的，也让老板信得过。

然后把自己推到幕前学会在各种场合让各级上司了解你，尤其多在顶头上司面前曝光，让大家都记住你；适时、恰当地把自己的业绩摆到台面上，勾画未来的发展，顺便把上司想说而没说的话讲出来；在公众和顶头上司面前多制造一些有影响的事件，这是让你事业突飞猛进的一个重要策略。

你更要证明自己的附加价值，要有升职的本钱，就必须证明自己对公司有价值。比方说，你能为公司赚钱或省钱，把那些替公司省了一大笔钱的策划、建议或有利于解决难题的信函、传真，总之是你参与的都留一份存盘，当然，这份荣誉文件夹里还包括你受过的一些嘉奖及赞誉的文字数据。这些都能证明你的工作能力，而且都是真凭实据。经过这些有意无意的“置入性营销”后，相信你离飞黄腾达也就不远了。

课后重点整理

丨置入性营销的效果更胜一般广告丨

置入性营销是在非广告时段、空间，利用媒体的特性，推广宣传特定的商品或服务的一种广告方式。由于能让受众在没有任何戒备心理的情况下悄然接受，避免了对传统广告形式的抵触和排斥，置入性营销已经成为了最时髦的品牌推广方式，这种隐性广告能够在不经意间打动受众，且随影片故事情节形成不可遗忘的深刻印象，因此置入性广告能够带来超出一般广告的价值。

结 语

营销，才刚要开始！

做任何事情之前，都要明了目的何在，才不致于会走偏路，拐错弯，那么什么是营销的目的呢？

营销，我们可以理解为是一种企业策划，在产品，服务出炉之前，以及以外的过程都属于营销的过程。因此它的目的有很多，但是一个很主要的目的就是吸引顾客。只有把顾客吸引来了，留住了顾客，让顾客和潜在的顾客对自己的产品和服务认可后，忠诚了，才能源源不断地为企业创造更多的价值。

这是营销的本质目的，因此营销的最根本目的就是顾客导向。

在前面30堂的营销课当中，我们从营销的前置作业、相关技巧，一路讨论到各式各样的运用方法，谈来谈去，始终离不开挖掘客户需要，满足客户需求的目的。相信大家只要时常把这些知识与招数拿出来温习、操作，不久之后，你的营销功力必定突飞猛进，当然，困难险阻也绝对少不了，但这一切就好比打在线游戏一样，一定要群策群力，适时适当地活用武器，最后才能逢凶化吉，过关斩将。

营销大师有话说

其实很多的知名营销大师，也是这样变成大师的！

营销大师博恩·崔西（Brian Tracy）曾经说过：“销售是一件困难的工作，营销更不容易”、“营销作为销售的较高层次，其实并不容易，而且它从来就没有容易过，将来也不会变得容易，它总是表现出不同程度的困难，从很困难到非常困难，甚至非常非常地困难。面对着些困难时，你必须坚韧不拔，才能够销售成功。我们所谈到营销的关键成功因素，最重要的因素就是积级的心态”、“在成功的营销因素里，心态占了80%。你的态度是你表现出来的外在言行，也代表了你的人生经历。你的态度会对与你往来的人产生莫大的影响”。

另外一位登上金氏世界纪录，拥有“全世界最会卖车的男人”美誉的乔·吉拉德（Joe Girard）本身也是一位营销大师，他曾经说过：“营销，首先就要行动！”

对此，他解释，“昨天，是张作废的支票；明天是尚未兑现的期票；只有今天，才是现金，才有流通的价值，当建立自己的信心时，不能老想着‘以后再做’，因为根本没有明天这回事，今天就能决定你明天会成为一个什么样的你，所以你要立即行动，将害怕、怯懦的思想从心中永远除去”。

一日营销，终身营销

营销，真的是一门很有趣的学科，它不仅包罗万象，牵连的领域、知识、技巧众多，往往在实际操练中，我们还能够深刻体会更多元的奥妙！其实关于营销的理论与个案，真的可以用汗牛充栋，琳琅满目来形容，很多内容可能用三百、三千堂课都说不完，而且，营销的可贵在于亲身经历，实战体验，唯有这样累积出来的感触，才是最有用的！

现在，通过前面的30堂课，各位朋友对营销想必已经有深入的了解了，现在，就让我们大胆阔步踏出去推动营销吧！

关于营销，其实还有更多丰富但未尽的内容，等待各位用自己的语言、行动把它来完成，大家一起加油吧！

图书在版编目(CIP)数据

进入社会的30堂营销课 / 师瑞德，(日)流川美加著. —
南昌：江西科学技术出版社，2011.9
ISBN 978-7-5390-4460-6

Ⅰ.①进… Ⅱ.①师… Ⅲ.①销售—方法 Ⅳ.
①F713.3

中国版本图书馆 CIP 数据核字(2011)第 182503 号
版权合同登记号 14-2011-290

国际互联网(Internet)地址：http://www.jxkjcbs.com
选题序号：**ZK**2011168
图书代码：**B**11040-101

简体中文版由我识出版社有限公司(Taiwan)授权出版发行
进入社会的30堂行销课，流川美加、师瑞德著，2010年，初版，
ISBN：978-986-6957-97-0

进入社会的30堂营销课 师瑞德，(日)流川美加 著

出版 江西科学技术出版社
社址 南昌市蓼洲街 2 号附 1 号
邮编：330009 电话：(0791)86623491 86639342(传真)
发行 北京维趣文化有限公司
电话：(010)87510003
印刷 北京联兴盛业印刷股份有限公司
经销 各地新华书店
开本 787mm×1092mm 1/16
字数 98 千字
印张 14.5
版次 2011年 9 月第 1 版 2011 年 9 月第 1 次印刷
书号 ISBN 978-7-5390-4460-6
定价 33.80 元

赣版权登字-03-2011-246